トランプは、選挙に不正があったとして国民投票結果を受け入れませんでしたが、その行動はアメリカだけではなく世界中で応援する人たちへと広がっています。

その理由はＱアノンにあります。

Qアノン信奉者たちは、この世に悪玉と善玉の戦いがあると考え、悪玉はディープステイトで、それと戦っているトランプは善玉の代表と考えました。

彼らは、「嵐 The Storm」と「大覚醒 The Great Awakening」という2つの大きな出来事を待っていました。

トランプとQアノンとディープステイト

菊川征司

ヒカルランド

NSA（アメリカ国家安全保障局）の愛国者たちは、その自分たちが持っている豊富な情報を元にして、秘密裏にアメリカを売国奴から取り戻す壮大なプランをQグループの中で作り上げたのでした。

カバーデザイン　上田光郷
校正　トップキャット
本文仮名書体　蒼穹仮名（キャップス）

まえがき　世界史に残る2つの出来事

現時点での断定は早計ですが、世界史に残ると思われる出来事が２０２０年に2つありました。新型コロナと米国大統領選挙です。

新型コロナは、２００８年のリーマンショックを超す打撃を世界経済に及ぼしたのですから残りそうですが、それを上回る被害を与える病原菌が発生すれば別です。しかもその可能性は大いにあるのです。

ＷＨＯが集めた感染症の専門委員会が、「科学の発展は、病気を引き起こす微小生物を作り、ラボで再構築するのを遺伝子工学で可能にした」と言明しています。実際に、今回の新型コロナは２０１５年に中国武漢ウイルス研究所研究員石正麗博士が、キクガシラコウモリから分離したコロナウイルスに手を加えて作り出したものなのです。将来、これ以上の伝染性病原菌が作り出されないという保証はありません。そうなったら今回の新型コロナは影の薄い存在になり、２００９年の新型インフルと同じ運命をたどってしまうでしょう。

もう一つの米国大統領選挙は、米国史には間違いなく記録されます。１７８９年にジョージ・ワシントンが初代大統領に就任してから、２０１６年にドナルド・トランプが第45代に選ばれるまで57回の選挙がありました。11月４日の国民投票の結果を踏まえて12月14日に行われた選挙人の投票結果を現職大統領が認めなかったのは、２３０年に及ぶ米国大統領選挙史上初めてのことです。しかも、２０２１年１月６日午後、上下両院合同会議で行われていた、大統領選挙人による投票結果の審議中にトランプ支持者が多数乱入し、議事堂を一時占拠するという前代未聞の不祥事が起きました。

国民投票の結果をトランプが認めなかったために彼とバイデン陣営両方の主張が連日報道されたので、大統領選挙人という独特の制度を設けた米国大統領選挙システムに詳しくなった方も多いのではないかと思います。過去にはフロリダ州の投票の数え直しをめぐって裁判に持ち込まれたことはありましたが、バイデンが３０６人、トランプが２３２人と選挙人投票結果が明確に出てもそれを認めず裁判所に訴え、しかもそれを多くの一般市民が応援してデモを繰り広げたというのは米国史上最初の出来事です。結局、厳戒態勢が敷かれた1月20日のワシントンで予定通りバイデンは第46代大統領に就任しましたが、これがなぜ、世界史に記録される可能性があるのでしょうか。

なぜなら、自由の国アメリカにはディープステイトと呼ばれる闇権力が存在し、国民の知らないところで悪行を重ねてうまい汁を吸っている実態に多くの米国人が目覚め、それに憤った人たちがネットで繋がり、Qアノンと呼ばれる一大勢力になったからです。闇権力とは私がこれまで「闇の世界金融」や「新世界秩序ギャング」と呼んできた人たちのことです。

Qアノンは、連邦政府・政界・経済界などに根を張って巨大な勢力を構成している闇権力に、トランプが単身で戦いを挑んだと信じたのです。ここまで来るにはQという謎の存在が大きな影響を与えたのですが、闇権力に気がついた人が増えればいつの日か米国の愛国者たちはそれに立ち向かうでしょう。

そうなればアメリカは2つの勢力に分断され、双方が武器を手にして内乱になる可能性があります。民衆の勝利に終われば建国の父たちが意図した形の共和制民主国家アメリカが蘇りますが、闇権力ディープステイトが勝てば、現在においても建国当初とは大分姿が変わって自由の国というのが名ばかりになっているアメリカですが、それも完全に姿を消すでしょう。

どちらにしても世界史に残る大事件です。今後5年間ほどはアメリカ国内の動きには目が離せませんが、テレビや新聞の報道に頼っていては真実が見えません。米国の大手マスコミは20世紀前半から闇権力に取り込まれているので、その報道に頼っていると重要な動きを見逃すことになります。それに代わる情報源としてネットが頼れる存在だったのは以前のことで、近年は巨大IT企業GAFAにも闇権力の支配が及び、彼らに都合の悪い記事や動画がどんどん削除されています。1月8日には、トランプ本人のツイッターが削除され、フェイスブックは彼のアカウントを永久凍結しました。共産中国での報道規制や言論統制に近いことが、自由の国アメリカでは民間企業によって行われたのです。

偏向報道とフェイクニュースが飛び交って真相が見えなくなった選挙後の騒ぎでしたが、大混乱に至った原因と混沌の裏で起きていたことを私なりにまとめてみました。全てを網羅できたとは思いませんが、世界中の人間があこがれるアメリカンドリームの国の深部には闇の部分が存在し、その闇が2020年大統領選挙を食ってしまったことを理解していただけたら幸いです。

令和３年　正月

菊川征司

＊一ドル＝１０５円としました。

目次

第二章 トランプとQアノンは底知れぬ腐敗を白日の下に晒した！

――ディープステイトに操られる政治・司法・メインメディア――

第三章 なりふり構わぬ史上最大の選挙詐欺はディープステイト没落のスイッチをオンにした
——Qアノンの戦略!?

第四章　トランプ再登場とQアノンの裏作戦！
——死を偽装していたケネディ・ジュニアが本当に現れるのか!?

どんな
手段を使っても
トランプの再選を
阻止せよ!

——焦り狂うディープステイトの
姿が見えた!

第一章

繰り返される大統領選による不正！

トランプは、選挙に不正があった、と断言して国民投票の結果を認めませんでしたが、米国大統領選挙における不正は今回に限ったことではありません。

皆さんは息子ブッシュとクリントン政権の副大統領だったアル・ゴアが戦った２０００年の選挙を覚えていますか。もう丸20年も前のことなので、30歳にならない若い人にとっては歴史上の出来事でしょうし、覚えている方にとっても記憶が曖昧になっているだろうと思うので、選挙の概略を書きます。

11月７日の国民投票はあちこちの州で接戦になりました。

接戦具合を示す得票率の差が１％未満だったのが５州、５％未満だったのが８州、５％以上～10％未満だったのが11州と、計24州で接戦になり、関係する選挙人は総数５３８人のうち２２４人にのぼりました。

投票翌日の８日未明には大勢が判明してブッシュ勝利と報道されました。ところが同日フロリダ州当局が発表した開票結果は、ブッシュが２９０万９１３

5票、ゴアが290万7351票と、その得票差は1784票だったので勝者が入れ替わる可能性が出てきました。なぜならフロリダ州法は得票差が投票数の0・5%未満のときは再集計を規定しているからです。すぐ機械による再集計が実施され、11月10日の発表では票差が327票にまで縮まりましたが、ブッシュ勝利は動きませんでした。

この時点でフロリダ州25人を除く49州合計の選挙人は、ゴアが255人、ブッシュが246人で、どちらがフロリダを取っても勝利ラインの270人に達することになります。

そこでゴアは民主党員の多いパームビーチ郡、ヴォルシア郡、ブロワード郡、マイアミ＝デイド郡の4郡での手作業による再集計を求めました。フロリダ州選挙法は、候補者は郡に対して手作業による数え直しを要求することができると規定しています。各郡はこれを受けて手作業による数え直しを開始しました。

フロリダ州法は、選挙から7日以内に州務長官による投票結果認証を求めていて、11月14日時点でパームビーチ郡、ブロワード郡、マイアミ＝デイド郡は依然手作業による数え直し作業中で結果は出ていませんでしたが、共和党員の州務長官は再度ブッシュ勝利と発表しました。

この日からフロリダ州内で双方の駆け引きが始まって複雑な様相を呈しましたが、結局12月8日フロリダ州最高裁は、4対3の票決で州全体での手作業による数え直しを命じました。ところが翌12月9日、連邦最高裁は5対4の票決で数え直しの執行停止を命じました。

当時のフロリダ州最高裁判所は民主党派判事が多数を占め、連邦最高裁判所は共和党派判事が上回っていたのでこういう採決になったと思います。

連邦法の定める選挙人確定期日である12月12日、連邦最高裁はブッシュ勝利とする州務長官による公式認定を確定させ、翌13日、ゴアは敗北を認めました。

彼はその夜「最高裁判決に同意できないが、受け入れる」と述べました。実際、最高裁が数え直しを停止しなければゴアが勝っていた可能性が高いのです。それを教えてくれるのは「ミスによる悲喜劇はヴォルシア郡の再集計の混乱を煽っている」と題する11月12日付けワシントン・ポスト紙の記事です。（＊1）

複数の出来事を書いているので、箇条書きにします。

一、ヴォルシア郡（Volusia County）の民主党役員デボラ・タネンバウム（Deborah Tannenbaum）は選挙の晩、午後10時に郡の選挙管理委員会に電話してゴアが8万3０００票、ブッシュが6万2０００票と教えられた。30分後に郡のウェブサイトを見るとゴアの票が1万6０００票減少し、社会党の名前も知らない候補者の票が1万票増えていた。しかもそれがすべて、６００人の有権者しかいない２１6区で起きていた。

二、その夜、ヴォルシア郡の6つの区でコンピューターの不具合があり、集計結果を送ったときは翌日の水曜日午前3時になっていた。

三、丁度その頃保安官副官は、投票用紙の回収場所から未検査の袋を2つ持って出て行った一人の選挙運動員を探すように、指令を受けた。

四、翌日の水曜日、郡の役員がテレビカメラの前で再集計を行っていたとき、一人の年配の投票所職員が投票用紙の詰まった袋を持ってやってきた。

五、金曜日、郡の職員が封印されていない投票用紙袋を金庫の中から発見した。それとは別に封印が破られた投票用紙袋と、棚の上に投票用紙がこぼれ落ちている3つめの投票用紙袋を見付けた。

六、前もって選挙登録していたにもかかわらず地元黒人大学生の多くが投票所に入れてもらえなかった。

このとき消えた1万6000票（正確には1万6022票）は、ヴォルシア郡が使っていた電子投票システムが原因なのは明らかでした。これと同じ電子投票機はフロリダ州オランドの東に位置するブレバード郡（Brevard County）でも使われていて、ゴアはそこで4000票失っていました。

この2つのミスはたまたま発覚したので修正されましたが、この他に見過ごされたミスがなかったとは言い切れないと思います。

ワシントン・ポスト紙はこのようなことが起きた根本的な原因は州政府の監督不行き届き、不十分な資金、技術的な不具合、不十分な訓練、一般的な無関心と説明し、詐欺や腐敗ではないと断言していますが、果たしてそうでしょうか。

ヴォルシア郡とブレバード郡でのゴア票減少や、民主党支持者の多い黒人大学生に対する投票妨害が、悪意のない人為的ミスと言い切れるのでしょうか。

不正に使われたのはディボールド社製電子投票機！

このときヴォルシア郡とブレバード郡が使っていた電子投票システムは、グローバル選挙システム社（Global Election Systems, Inc.　略称ＧＥＳ）製の、スマートカードと生体情報の暗号化承認技術を利用したタッチスクリーン投票システムで、この会社を２００２年1月にディボールド社が買い取りました。

ディボールドは１８５９年にオハイオ州シンシナティで金庫の製造・販売会社としてスタートし、１９６８年にシカゴ銀行に世界最大の二重金庫ドアを納入しました。１９７０年代初頭に銀行のＡＴＭ市場に参入し、１９８９年に世界で販売されたＡＴＭの12％を出荷するまでになりました。

１９９９年、ディボールドは虹彩認識を使用して顧客を特定するＡＴＭをデビューさせ、話すＡＴＭを米国で最初に導入し、２００９年の銀行テクノロジーニュースは、フィンテック１００（FINTECH 100）のＡＴＭプロバイダーリストでディボールドを1位にランク付けしました。

ちなみにフィンテックとはFinanceとTechnologyを組み合わせた造語で、ファイナンス・テクノロジーの略です。情報通信技術（ＩＣＴ）を駆使した革新的、あるいは破壊的な金融商品・サービスの潮流などの意味で使用され、スマートフォンを使った送信はその一例です。

２００２年、ディボールドはＧＥＳを買収し、名称をディボールド選挙システム（Diebold Election System Inc.）に変更し、米国選挙業界に参入しました。

２００３年９月、ディボールド選挙システム社内部の大量のメモがネットに流出し、その頃からあちこちでディボールド社製電子投票機の検証が行われ始めました。

ブッシュはこの不正でゴアに勝った⁉

２００３年10月、ニュージーランド最古で最大の、独立オンラインニュース会社スクープインディペンデントニュース（Scoop Independent News）が「ディボールド社のメモがフロリダでの２０００年電子投票詐欺を開示」と題する

記事を発表しました。（＊2）

流出したメモに書かれたディボールド社職員の生の声を紹介します。

「選挙はロケット・サイエンスじゃない。なぜ、物事を正しく処理するのがこんなに難しいのか！　これほど管理が行き届いていない会社にいたことがない」

「私は答えが欲しい！　私たちの部署はヴォルシア郡の監査を受けている。216区がアップロードされたとき、なぜアル・ゴアにマイナス16022（票）を与えたのか。頼む、誰か説明してくれ。そうでないと監査官に情報を与えることも出来ず、間抜けヅラ下げてつっ立っているしかない」

見出しにあるようにディボールド社内部でやりとりされた電子メールを掲載していますが、その文書量に匹敵するスペースを割いて米国CBS放送の報道を中心に、投票日当夜の複雑な動きを紹介しています。

その中に、読者の皆さんの頭に入れてほしい事実が書かれているので、少し煩雑ですが要点を抜粋します。

《「選挙の夜の出来事に関するCBSの調査から我々が最初に学ぶことは、フロリダ州の投票者ニュースサービス（Voter News Service　略称ＶＮＳ）の出口調査によると、アル・ゴアが楽勝したはずだったということだ。」》

ＶＮＳというのは、米国の主要な報道機関6社によって１９９０年に結成された大統領選挙時の出口調査のための共同事業体です。これが出来たことで個々の組織やネットワークが出口調査と投票集計を並行して行う必要がなくなりました。

《「午後7時：フロリダの投票所の大部分は終了。45の調査地域からの出口投票のインタビューに基づいた最良の推定は、ゴアが6・6ポイント差でブッシュをリードしていることを示していた。」

「午後7時52分：ジョージ・ブッシュはフロリダとペンシルバニアの両方で勝つのを確信していると、開票開始の早い段階でコメントしていたが、ＶＮＳはフロリダのレースをゴア勝利に正式決定した。（ブッシュのコメントの根拠は説明されなかった）」

「午後8時2分：すべてのニュースネットワークは、ＶＮＳの決定に従ってフロリダの勝利者はゴアと発表した。」

「9時過ぎに、VNS本部でゴアの投票数を間違って打ち込んでいたことがわかり、ゴア票は4万票に訂正された。」

「午後9時54分：CBSの決断デスクはフロリダでのゴア勝利報道の撤回を求めた。」

「午後10時17分：VNSがゴア勝利を撤回した。」

「午前2時9分：VNSは、集計された投票数にヴォルシア郡の誤った数字を追加。これによってゴアの票は1万票以上減少し、その一方でブッシュの票はほぼ同数増加した。」》

ヴォルシア郡26万人の登録済み有権者の多くは黒人で、民主党支持者が多いのです。

ブッシュの勝利確信コメントは、フロリダで勝つことになっていると知っていたことから出たのではないでしょうか。映画『華氏911』のマイケル・ムーア監督は、「ブッシュの知能は小学4年生程度」と言っています。陽気で憎めない性格の持ち主ですが、調子に乗ると口止めされていることでも軽く口に出してしまうことがあります。

バイデンもブッシュ同様に不正による勝利を確信していた

２０２０年選挙でトランプは、コロナをものともせず各地で集会を開きましたが、一方のバイデンはコロナを理由に、余裕の表情で殆ど選挙運動を行いませんでした。バイデンは勝利を確信していたのではないでしょうか。


《「午前2時10分：新しいVNSの集計によると、ブッシュは州全体の97％の管区で５５５７万５７３０票を数え、５万１４３３３票差で優勢。」

「午前2時16分：フォックスニュースがフロリダでの勝者はブッシュと報道。」

「午前2時16分：NBC放送はブッシュがフロリダを制したと報道。」

「午前2時16分：AP通信は、ブッシュ票が1万7千票減り、３万票になったと報道。わずか4分で発生したこの1万7千票の減少は、ヴォルシア郡の投票が修正されたからである。」

「午前2時17分52秒：ＣＢＳ放送はフロリダ勝者をブッシュと報道。」

「午前2時20分：ＡＢＣ放送はブッシュをフロリダの勝者と報道。」》

このあと、両陣営の票数が激しく動きます。

《「午前4時10分：ブッシュのリードは１８３１票にまで落ちた」》

この票差が再集計まで残ることになります。

この流れを見ていくと最初はゴア勝利と報道され、次にブッシュ勝利となったことがわかりますが、ＶＮＳとＡＰ通信はブッシュ勝利を出していません。ブッシュ勝利を全米に最初に流したのはフォックスニュースでした。

２０１６年選挙でトランプが勝ってから、全ての新聞とテレビ局が反トランプの論陣をはりましたが、フォックスニュースだけはトランプ擁護の姿勢をみせました。魂胆があってトランプ側についていたような気がします。

各地で行われたディボールド電子投票機の検証結果の結論を紹介します。

●ジョンズホプキンス大学情報セキュリティ研究所の発表です。（＊3）

「この投票システムは、異なる状況で効力のある最も最小限のセキュリティ基準をはるかに下回っている」

「システムの構造を知ることなく内部に侵入可能で、侵入の有無を調べることは難しい」

●プリンストン大学情報技術政策センターの研究発表です。（＊4）

「このマシーンは数々の深刻な攻撃に対して脆弱なので、それが生み出す投票数の正確さを損ない、信頼性がない」

●メリーランド州で、州選挙管理委員会と地方選挙管理委員会が専門の業者を雇って、AccuVote-TS システム（注：ディボールド電子投票機の商品名）に関連する脅威、脆弱性、セキュリティ管理とそのリスク評価を調べました。（＊5）

「このシステムは、選挙プロセスの完全性に影響を与える危険性が高い」

●カリフォルニア州は、ディボールドの AccuVote O-S オプティカルスキャナー（version 1.96.6）と AccuVote-TSx タッチスクリーン投票機（version 4.6.4）

を検証しました。（＊6）

「メモリーカード攻撃は真の脅威である。AccuVote-O-S のメモリーカードにアクセスして改ざんすることができ、その改ざんされたカードを選挙中に投票機で使用させることができる人は、その投票機からの選挙結果をいくつかの方法で変更することができる。そして元の紙の投票用紙の再集計以外では、結果が誤っているという事実は検出できない。」

AccuVote-O-S の仕組みを説明します。投票者は専用投票用紙を受け取り、その用紙にペンや鉛筆で印をつけ、それを AccuVote-O-S に挿入します。投票が行われると、AccuVote-O-S は投票集計を内部メモリーカードに保存し、全ての投票が終了すると、AccuVote-O-S は投票場所から中央ホストコンピュータに投票データをモデムで送信します。

投票詐欺は以前より広く知られていた

２００６年11月、米国のケーブルテレビネットワークＨＢＯが「ハッキング民主主義（Hacking Democracy）」と題する82分に及ぶドキュメンタリー映画を発表しました。（＊7）

映画の冒頭で「アメリカ、世界一偉大な民主主義」から始まるナレーションは「その本質は投票、人々の意思である。だが、投票が正しくカウントされたとあなたは知り得るのか。もし知ることができないとしたら、それは民主主義と言えるのだろうか？」と問いかけて、物語は始まります。

内容は、ディボールドの社内メモを最初にネットに挙げた人物ベブ・ハリス（Bev Harris）を中心とする市民活動家たちの動きを追ったものです。

彼女たちは２０００年の大統領選挙においてフロリダ州ヴォルシア郡で起こったディボールド電子投票機による投票詐欺事件を契機に、全米各地で起きた同様のケースを追っていきます。その目的はただ一つ、投票は正しくカウントされているかどうか、を調査することです。

この映画の中に非常に興味深い箇所があります。

投票数の詐欺は、２００4年の息子ブッシュとジョン・ケリーの戦いのときも各地で起き、特に顕著だったのがオハイオ州でした。

ケリーは投票機を調査すると言明して弁護士に全米の投票を確保するように依頼していたが、投票終了後12時間経過しないうちに「勝算があるなら私は戦うのをギブアップしない。だが全ての投票がカウントされても、オハイオで私が勝つだけの投票が残されていないことは明確である。したがって我々はこの選挙に勝てない」と述べて敗北を認め、投票機の調査を停止しました。

その夜、オハイオ州の選挙弁護士クリフ・アーネベック（Cliff Arnebeck）が仲間とホテルにいると、ケリー本人から電話がかかってきました。

会話はスピーカーフォンにして行われました。

アーネベックはそのときのことを思い出して、インタビューアーに話します。

「そのときケリーは、ニューメキシコ州で選挙地区の分割方法にかかわらず、投票に光スキャン装置（Optical Scan Machine）が使われると必ずブッシュになる、と言った。あの夜の状況で、ケリーがあのような事実を述べたのは、彼は投票詐欺のことを知っていたからだ」

インタビューアーが「それは機械に問題があるということですか」と聞くと、「そうです。機械が不正に操作されたことで投票結果がブッシュになった、とケリーは言ったのです。有権者の投票とは反対の結果です。これは陰謀論ではありませんよ。ケリーは彼の知る事実を我々とシェアしたのです」とアーネベックは続けました。

元バーモント州知事でこのとき民主党全国委員会委員長だったハワード・ディーン（Howard Dean）は「オハイオ州の選挙が公正に決定されたとは確信していない。有権者にはかなり抑圧があり、機械は信頼できなかった。選挙を操作するために非倫理的なことを、共和党が進んで行うことは驚くに値しない」と語りました。

このとき共和党が不正選挙を行ったことは、民主党上層部の共通認識だったと思います。ケリー本人も、投票詐欺が全米規模で横行してオハイオ州の投票も不正に変えられた可能性が高い、と思っていたに違いありません。

しかしすぐ敗北を認めて調査も停止したのは、抵抗できない何らかの事情なり理由があったからだと思います。

選挙管理サーバーにはパスワードも暗号キーもなしで潜入できる

ところが２０２０年の選挙は様子が一変しました。

不正を行ったのは民主党で、その事実を民主党首脳陣は周知していたと思いますが、全員口をつぐみました。トランプは選挙詐欺を暴こうとして最後の最後まで抵抗し続け、それを多くのＱアノン信奉者がバックアップし続けました。日本のマスコミはこのときのトランプとＱアノンの行動を否定的に報道し続けました。この経過と事情を探るのが本書のテーマの１つですが、ここではなく後の章で取りあげます。

ベブたちはケリーが期待外れに終わったので自分たちの足で調査することにして、ヴォルシア郡の選挙委員会を訪れました。郡の選挙管理責任者は、マイナスの投票数が出たのは大統領選挙だけで、同時に行われた上・下両院議員選挙にはマイナス表示は出なかったと言いました。投票機の記録用紙を保存する倉庫職員はかなり敵対的な態度を取り、選挙管理責任者はすべて順調だったと言い続けました。

ベブたちは、ディボールドのエンジニア部門責任者が「いかなる手段でもこの機械を使って投票をいじることはできない。メモリーカードも改ざん不可能」と断言したのを聞いたので、その言葉が真実かどうか試してみることにしました。

彼女たちが雇ったコンピューター・スペシャリスト、ハリー・ハースティ(Harri Hursti)は、ある地区のディボールド選挙管理サーバーに侵入して、あっという間に投票数を変更してしまいました。選挙管理サーバーは地区の投票を合計する重要システムですが、パスワードも暗号キーも打ち込む必要なく侵入できるという呆れるほど甘いセキュリティで、しかも変更したという記録はまったく残らないことが判明しました。

メモリーカードは選挙の公正を裏切っていた

AccuVote O-S のメモリーカードを調べていたハースティは、投票コードの中に書き換え可能なプログラムが存在することに気付きました。つまり機械に触らずメモリーカードだけで投票の改ざんができるはずなのです。そこで実際に可能かどうか試すことになり、ハースティは市販のメモリーカードリーダーを使って AccuVote O-S のメモリーカードのコードをいじりました。

フロリダ州レオン郡はヴォルシア郡の電子投票機と同じディボールドを使っていて、レオン郡選挙管理責任者イオン・サンチョ（Ion Sancho）はベブたちの試みに協力的で、レオン郡所有のディボールド投票機から無作為に1台選んで使わせてくれました。

サンチョの事務所での試みに、ベブやハースティの他にフロリダ州の超党派の非営利の草根団体、公正選挙連合（Florida Fair Election Coalition）の理事スーザン・ピンション（Susan Pynchon）を含めて総勢8人が参加しました。

規定の用紙を使って、投票数を改ざん可能か、という問いに、６人がＮＯと記し、２人がＹＥＳと記して、ハースティが書き換えたAccuVote O-Sのメモリーカードを挿入したディボールドの投票機に、８枚の用紙を挿入しました。

機械が画面に表示した数は、ＮＯに７人、ＹＥＳに１人で、プリントアウトした用紙にも、ＮＯに７人、ＹＥＳに１人、総投票数８人と明記されていました。

次にその投票数を記録したメモリーカードを、選挙管理サーバーに挿入しました。管理サーバーは用紙上と同じ数字を表示し、カード改ざんの記録はまったく存在しませんでした。

プリントアウト用紙を見ながらサンチョが言います。

「もしこのような裏を見ていなかったら、私はこの投票結果を、正確で正しい、と認証しない理由がない」と、呆れた表情で首を左右に降りました。

フロリダ公正選挙連合は、フロリダ州の欠陥ある選挙法、政策、手続きを改善することを目的として、２００４年11月以来、草の根の選挙改革団体として活動してきました。そこの理事スーザンはテスト開始前には改ざん可能説に懐疑的で、この一連の成り行きに呆然となっていましたが、この事態を貴方はどう思うかと聞かれて、我に返りました。

うつむき加減の目に涙が浮かび、小さな声で「カードだったのね。とても、残念だわ」と言い、しばらくして顔を上げて「これまで選挙の公正を維持しようと力を尽くしてきた多くの人たちは陰謀論者だと影口を叩かれ、業者たちは万事問題なしと嘘をついてきた。問題なしなんてとんでもない」と涙を拭きながら言いました。

電子投票機の内部を調べればそのからくりが分かるはずですが、連邦と州の法律はディボールドだけでなくセコイア（Sequoia Voting Systems）や選挙システム&ソフトウエア（Election Systems & Software　略称ES&S）を含めた全ての選挙関連機器業者の電子投票機とそのコードの調査を、なぜか禁じています。

２００6年時点で、米国の30州以上で同様な機械が使用され、米国の選挙の80%はコンピューターが管理し、その40%にディボールド社の選挙用タビュレータソフトウエア（ＧＥＭＳ）が使われていたのです。

べブと市民活動家たちが、メモリーカードだけでディボールドの投票機から票が跡形もなく盗まれることを証明したこの映画が全米のケーブルテレビに流され、しかも優れた長編ドキュメンタリーとして２００７年のエミー賞にノミネートされたのです。

ディボールドからドミニオンへの移行

この頃から選挙での投票詐欺の事実は、政党首脳だけでなく米国の一般市民にとって通説となっていったと思われます。しかし、２００８年と２０１２年の大統領選挙にも不正があり、そして２０１６年にヒラリーと戦って勝ったのにトランプは不正があったと言いました。勝利者トランプが選挙不正を口にした理由は、不正がなかったら国民投票でも自分が勝っていたと、言いたかったからです。しかし何れの年でも大きな問題になりませんでした。ディープステイトに牛耳られているマスコミが取りあげなかったからです。

２０２０年選挙のとき投票日前から、不正が行われるだろう、とトランプが言っていたのは、国民に知らせることでマスコミによる故意な無関心を防ごうとしたのではないでしょうか。

電子投票システムの欠陥が知られるようになって最初に行動した州は、カリフォルニアでした。

２００４年、カリフォルニア州のケビン・シェリー（Kevin Shelley）州務長官はディボールドの不正行為を調査した後、同州での同社の投票機１機種の使用を禁止しました。

２００７年８月、カリフォルニア州のデブラ・ボーエン（Debra Bowen）州務長官は、カリフォルニア州での使用が認定されていた投票機の徹底的な見直しの結果、ディボールドとセコイア（Sequoia）とES&Sとハートインターシビック（HartInter Civic Inc.）の電子投票システムの認定を取り消しました。

ＨＢＯの映画が影響したと思われますが、ディボールド選挙システムは２００７年８月社名をプレミア選挙ソルーション（Premier Election Solutions

Inc.）に変更しました。

銀行ＡＴＭを扱うディボールド社本体は、２００９年にフィンテックの銀行ＡＴＭ部門で世界一になっていますから、高い技術力と製造能力はあるはずですが、子会社が扱う電子投票システムには何ら改良をほどこしていません。

商品は同じままでも販売会社の名称が変わると世間は受け入れるようで、プレミア選挙ソルーションは3年後の２０１０年には、米国33州で２８００万人の有権者が住む１４００の管轄区域を持つようになりました。

こんな致命的欠陥を持つ電子投票システムを、２０１０年にそっくり買い取った会社があります。

２０２０年大統領選挙でトランプが不正を訴えたときに何度か口にした、ドミニオンがそれです。ドミニオン（Dominion Voting Systems Corporation）はカナダの会社ですが、プレミア選挙ソルーションを買い取ったことで米国への足がかりをつかみ、２０１６年米国大統領選挙において１６００の管轄区域で7千万人の投票を集計する勢力にまで大きくなりました。

２０２０年大統領選挙不正調査報告書のナヴァロレポートにはドミニオンに

関する興味深い記述があります。

《28州に投票機と機器を提供しているドミニオンと呼ばれる会社の影の起源については、多くのことが語られてきた。評論家によると、ドミニオンのルーツは、ベネズエラの独裁者ウゴ・チャベスが偽の選挙を不正に実施したことにあるのではないかと言われている。ドミニオンはクリントン財団との関係も疑われていて、ドミニオン・マシンに使用されているSmartmaticソフトウエアは、反トランプのグローバリストであるジョージ・ソロスとの関連が疑われている。》

米国内で使われている、投票に使用する機械や投票数をカウントする機械のほとんどは3つの業者が納入しました。２０１６年9月時点で、ES&Sは8千万人の登録有権者にサービスを提供しており、カナダのドミニオンは7千万人、ハートインターシビックは2千万人、その他の企業はそれぞれ4百万人以下です。カリフォルニア州が認証を取り消した4社のうち、ES&Sとドミニオンとハートインターシビックの3社だけで1億7千万人の投票を管理します。

米国の２０１９年の総人口は3・２８２億人ですが、選挙登録制の米国では登録しない人もいるので有権者数がどのくらいかわかっていません。フロリダ大学「選挙プロジェクト」推計の有権者数2億3093万人を使うと、全米の有権者の4分の3近くを3社で扱っていることになります。

米国内で電子投票システムを扱う企業は幾つもありますが、不正選挙が起きる可能性があるのはディボールドとセコイアとES&Sとハートインターシビックの4社だけのようです。

2020年選挙でトランプ陣営が問題にしたのは接戦になったアリゾナ、ペンシルバニア、ジョージア、ミシガン、ウィスコンシンなど6つの州でした。この全ての州が何らかの形の電子投票システムを採用しています。

トランプとＱアノンは底知れぬ腐敗を白日の下に晒した！

——ディープステイトに操られる政治・司法・メインメディア！

第二章

不正選挙を問題にさせない勢力

第一章に目を通された読者の皆さんの中に、左のような疑問を抱かれた方がいらっしゃると思います。

●高いIT技術を持つディボールド本社が、なぜ欠陥が暴露されてからも電子投票機を改良しなかったのか。
●電子投票機には欠陥があると分かっているのに、なぜ、欠陥投票機を禁止する州や郡当局が多く出ないのか。
●なぜ、不正が行われた選挙結果を、政府や議員だけでなく落選した人間までも認めてしまうのか。

この3つの疑問は、米国には政官界や経済界のみならず学問の世界をも覆う大きな権力組織が存在することを知ると氷解します。

電子投票システムに欠陥があるからこそ自分たちの軍門に降った人間を当選させることができるわけです。彼らにとって改良版など造ってもらったら困るので会社の名称変更という手を使って、欠陥投票機を売り続けさせるのです。

米国市民の中には欠陥投票機使用に疑問を抱く人もいて、声を上げたところもあります。映画「ハッキング・デモクラシー」は、オハイオ州カヤホガ郡(Cuyahoga County)の公聴会の様子を見せていました。採用決定権を持つ共和党所属の人物が、集会に参加していたディボールド役員にへつらいを見せて、民衆の意見に耳を傾けようともしません。共和党カヤホガ郡支部はディボールドから支援金を受け取っていたことが判明しています。

不正選挙捜査の声が上がらないのは、所管する官庁の関係職員は買収され、議員に至っては問題の投票機で当選させてもらって議会に席を得たからではないでしょうか。落選した候補者が不正を知りながら口をつぐむのは、何らかの見返りが用意されたとしか思えません。

米国が世界一の民主国家だったのは19世紀までの話です。

第一次世界大戦で疲弊した英国と欧州諸国を尻目に驚異的発展を遂げたアメリカ合衆国を裏で操って、自分たちの目的遂行の道具にしている人たちがいたのです。その人たちのことは拙著『世界恐慌という仕組みを操るロックフェラー』と『新世界秩序にＮＯ！　と言おう』（両方ともヒカルランド社の新装版）で詳細に紹介しました。前者を紐解いていただければ、学校で教わった現代史は歪曲された歴史だと確信できること請け合いです。後者は、米国のジャーナリストの著作を翻訳したもので、トランプの言う「米国製造業を海外に追いやった」元凶の存在とその狙いが明確に書かれています。

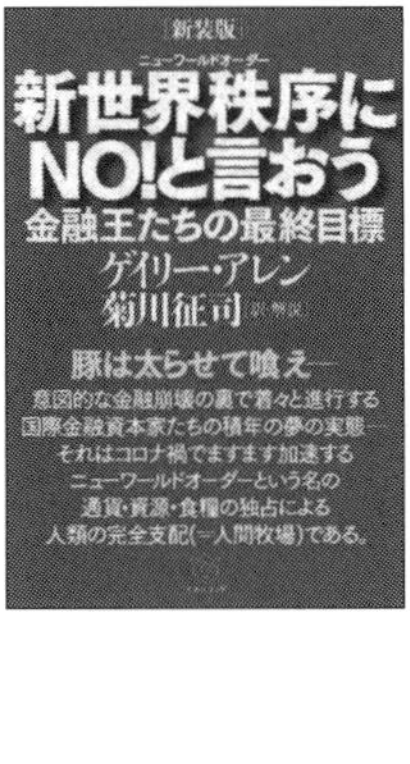

ディープステイトには奥の院が存在する

近年ネット上で目にしたり耳にしたりすることが多くなった「ディープステイト（Deep State）」という言葉はその人たちを指し、私が常々「闇の世界金融」や「新世界秩序ギャング」と呼んできた人たちのことです。

「ディープステイト」という言葉の由来はトルコ語の「derin devlet」で、国内の情報機関や軍、治安、司法、組織犯罪の中のハイレベルな要素で構成された、目に見えない国家機構やネットワークを指します。ディープステイトのトルコ的解釈は闇の政府、影の政府、または国家内部の国家を指し、選挙で選ばれた政府の方針には非協力的で、おおむね反対勢力を構成します。

　トルコのエルドアン大統領はさぞかしディープステイトに悩まされていることと思いますが、アメリカの場合はトルコ的解釈より深い意味を持ちます。政府部内に潜むディープステイト構成員に、裏から指示を与える人が存在するのです。いわばディープステイト奥の院です。大手メディアはこの奥の院に取り込まれていて存在を報道しないので、一般国民がこの人たちに気付くことはありませんでした。ところが、トランプが大統領になってから「ディープステイト」を大っぴらに口にしたことで闇権力の存在に気付いたのが、Ｑアノンと呼ばれる人たちです。

　トランプはツイッターだけでなく発言でも頻繁に「ディープステイト」を使っています。

メインメディアはすべて反トランプ

アメリカのリベラル系オンラインメディア、ハフポストは、「ドナルド・トランプ氏のディープステイトについての古いツイートが彼を悩ませるようになってきた」と題した記事で、ディープステイトに関連するトランプの発言やツイートのリストをまとめています。（＊8）

メディアの多くは、彼が大統領になる前から反トランプです。その原因はトランプが、９１１の世界貿易センター崩壊は爆弾だった、とか、オバマはアメリカ生まれではない、など、知ってか知らずかディープステイトの神経を苛立たせる発言が多かったからです。

小見出しに「大統領はディープステイトという言葉を使いたくないと言っていたが、これらの古いツイートはそうでないことを証明している」と書いたハフポストの記事の底流にも反トランプが流れています。

《●２０１７年11月、彼はヒラリー・クリントンの電子メールの調査を続けられなかったことについて、不特定のディープステイト当局筋を非難し、それらの人間たちを〝不正と腐敗〟と呼んだ。

●同月、彼はＦＢＩと司法省が、ドナルド・トランプ氏の仲間の監視に関する情報を隠しているとツイートした。「これは大ごとだ。ディープステイトだ。誰か、今すぐ情報をよこせ！」と書き込んだ。

●２０１８年1月、ヒラリー・クリントンの元補佐官フーマ・アベディン（Huma Abedin）が「機密パスワードを外国の工作員の手に渡した」と非難し、「これは、ディープステイト司法省が最終的に行動した結果なのか」と彼は尋ねた。

トランプはディープステイト奥の院の走狗ではない

自分の意にそぐわないとバンバン首を切るのはトランプのやり方です。それまでの大統領は人事権を持っていなかったので閣僚クラスの人間や政府高官を入れ替えることはできませんでしたが、彼は人事権を持っていました。なぜなら彼はそれまでの大統領と違って、ディープステイト奥の院の走狗ではなかったからです。

●2018年7月、彼は行方不明になったとされる民主党全国委員会のコンピューターサーバーについて熟考し、FBIが押収に失敗したと考えた。この失敗は、「ディープステイトの指示だったのだろうか?」と疑問に思った。
（そう、これは後に彼がウクライナのヴォロディミル・ゼレンスキー大統領に、米軍援助を解放する前提条件として、自分の国で探すように頼んだ、存在しないサーバーと同じものだ。）》

これを読むと、トランプは奥の院の存在に気付いていたと解釈できます。

《●2018年9月、彼はディープステイト全般に対して激しく抗議し、ディープステイトとその同盟国が彼の政策の成果に憤慨していることを示唆しているが、今回彼はディープステイトには左翼とフェイクニュースメディアという政府外の味方が存在することをほのめかした。

「ディープステイトと左翼、そして彼らの乗り物であるフェイクニュースメディアは、気が狂いそうになっている。彼らは何をすべきか分かっていない。経済はかつてないほどの好景気で、雇用は歴史的な高水準にあり、まもなく2人の最高裁判事が……」

トランプ氏は、アメリカ政府は堕落していて、選挙を経ていないディープステイトの手先は有権者に逆らって自分たちの秘密のアジェンダを押し通すと見ている。彼は2018年に集会で「それらの手先は民主主義そのものへの真の

脅威だ」と言った。》

ニューヨーク市に本拠を置き、ビジネスや技術ニュースを専門に流すウェブサイト、ビジネスインサイダーが、「アメリカの〝ディープステイト〟が実際には何であるのか、そしてなぜトランプ氏はそれを間違って使うのか？」と題する特集を組んでいます。（＊9）

ここの記事に気になる箇所があるので紹介します。

《ドナルド・トランプ大統領の頻繁な「ディープステイト」の言及は、通常、彼の政権が思うようにいかないときに非難を投げかけていることを意味している。「ディープステイト」という考え方は新しいものではなく、トランプ氏は、たとえ彼の説明が不正確であったとしても、アメリカにはディープステイトがあると主張した最初の人ではない。》

見出しの中の「間違って使う」というのは、自分の思い通りにならないことがあると、トランプは何でもディープステイトの責任にするという意味です。

メディアはトランプという男をしばしば単純なガキ大将に例えました。常に勝者の「ボス猿」でありたく、その自己イメージを揺るがすような現実は一切受け入れないというのです。したがって彼の主義主張は状況次第で変わるようです。変わらないのは、欲しいと思ったものを手に入れるためには手段を選ばず、利用できるものは何でも躊躇せず利用する性格のようです。

トランプは汚いやり方も躊躇しない

トランプのわがままな性格と強引なやり方がわかる一例が、アトランティック・シティで起きています。

彼の名前を冠したカジノは同市内にトランプ・プラザとトランプ・キャッスルの2カ所ありますが、１９９０年4月のオープン当時アトランティック・シティ最大だったトランプ・タージ・マハールは、法律すれすれのやり方で株を操作して他のカジノからかすめ取りました。

オープンセレモニーには、マイケル・ジャクソンやエルトン・ジョンをはじめ多くの芸能人や、当時の州知事ジェームズ・フローリオも来て祝いました。

ここは元々、アトランティック・シティ最初のカジノ、リゾート・インターナショナルが自社所有地に1983年に建設開始したのを、途中からトランプが詐欺に近いやり方でだまし取り、1年程経つと破産申告しました。

トランプが大統領に就任後、「米国大統領ドナルド・トランプは、かつて〝タージ・マハール〟を所有していたが、破産に追いやった」の見出しで、タージ・マハールを用いた彼の蓄財手口を紹介したサイトが作られました。（＊10）

そこには、金融アナリスト、マービン・ロフマン（Marvin Roffman）が後日、ABC放送のナイトラインで語ったことが書かれています。

トランプがタージを手に入れた翌日、本人からロフマンに電話がありました。

彼によると、タージ・マハールは長続きしないことをトランプは分かっていたようなのです。

「じゃあ、なぜ3つものカジノを持つの？　食い合いになるだけだろうに」

と、ロフマンが言うと、

「マービン、君には先見性がないな。タージは怪物のような資産になるんだぞ」と、トランプが応えたのです。

タージのオープン1週間前、ウォールストリート・ジャーナルがロフマンの言葉を掲載しました。

「この物件がオープンすれば多くのフリーパブリシティーを得るので、彼は4月、6月、7月に本の売り上げレコードをことごとく破るだろう。」

1980年代に「トランプ・タワー」と「トランプ・プラザ」などの大規模開発を次々に手掛け、「アメリカの不動産王」として名を馳せたトランプは、1987年に『トランプ自伝：不動産王にビジネスを学ぶ』を出版しました。

タージオープンから4カ月後の8月『トランプ：トップにいつづける(Trump: Surviving at the Top)』を出版したので、4月、6月、7月の本の売り上げレコードというのは、その予約の数字ではないかと思います。(5月が抜けている理由は不明です。)

アトランティック・シティのカジノは、リゾート・インターナショナルのオーナー、ジェームズ・クロスビー(James Crosby)が長年の歳月をかけて有権者に働きかけて州民投票にこぎ着けて許可を得た、大変な苦労の産物なのです。

彼は2つめのカジノの名称を「米国カジノ（United States Casino）」と決めて完成を心待ちにしていましたが、１９８６年にこの世を去りました。クロスビー氏が心血注いだ巨大カジノをトランプがだまし取った目的は見栄とフリーパブリシティーのためのようで、彼はタージの利用価値がなくなるとサッサと破産申告したのです。

トランプはケネディ暗殺の関連資料の公開を実行しなかった

アトランティック・シティで永住権取得後、ニューヨーク市で腰を落ちつけて働き始めた私は、大方のＮＹ在住の人間と同じでトランプには良い印象を持っていませんでした。しかし、２０１６年大統領選挙に出馬したときは、当選してくれ、と切に願いました。彼なら偉大な大統領になれる、と思ったわけではありませんよ。理由は単純です。

公開されていなかった5千ページに及ぶケネディ暗殺関連資料の公開は大統領に委ねられていて、その日が２０１７年10月26日だったのです。私はトランプなら全て公開してくれるだろうと期待したのです。ところが公開予定5日前の21日に「文書の公開を阻止しない」（＊11）と言明しておきながら、当日になると２８９１点を公開しただけで、残りは新たに3年の期限を設定して２０２１年10月26日まで公開延期したのです。

公開延期の理由はＣＩＡの要請があったためとされていますが、彼が内容を見ないなんてことは考えられないので、延期に同意したのは、資料の中に暗殺犯人に繋がる何かを見つけてその相手と取引したのではないかと勘ぐりました。

トランプはそのときはもう一期務める算段だったのでしょうが、それは叶いませんでした。未公開資料がどうなるのか気になっていたところに、1月20日の就任式後、バイデン新大統領は執務室の机の上でトランプの手紙を見つけたというニュースがありました。記者団に内容を訊かれて「思いやりのある内容」で、「彼と会っていないので（内容は）話せない」とバイデンは言ったようです。その言い方は、手紙にはトランプと一対一になったとき訊く必要があることが書いてあった、と解釈したのは……私だけでしょうね。

ともあれ、私は、これじゃヒラリーと同じじゃないか、とがっかりしてトランプの言動に目を背けました。

それが、おやっ、と思って見直す気になったのは、彼がファーウェイ排除を打ち出したときです。

トランプは反ディープステイトとして選ばれた

20世紀終盤から21世紀のアメリカ大統領全員が、2017年に物故したデービッド・ロックフェラーの配下でした。デービッドは中国の経済発展に尽力した人物で、その関係からニクソンもブッシュ親子もクリントン、オバマも、全員が米中蜜月関係を維持してきました。南シナ海における中国の我が物顔の態度は、アメリカは口出ししないと分かっているからできることなのです。

ところがトランプはデービッドの配下ではありません。泡沫候補だった彼が当選したのは、デービッドがディープステイト構成員に実行させた路線、グローバリゼーションの否定を、「国外に出た米国製造業を米国に戻す」という分かりやすい表現で前面に出したからです。中国企業排除政策は反デービッド路線の続きで、傍若無人の中国にとって驚異以外の何者でもないと思います。

２０２０年選挙の国民投票で７３８０万という票数は、多くの国民が彼の政策、反ディープステイトに賛意を表明したことを意味します。

２００８年選挙で、国政に出てきたばかりの無名の黒人オバマが、当時はダントツの知名度を誇っていたヒラリーを押さえて民主党候補になれたのは、「チェンジ」の標語に民衆は大きな期待を寄せたのだと思います。そのときすでに大多数の国民がグローバリゼーションに辟易し、政府の方針を変えてくれる人間の出現を待っていたのではないかと思います。それだからこそ無名の新人がそれまでの得票新記録６９００万票を獲得できたのです。

しかしオバマはブッシュ政権の政策を引き継いだだけで８年間を終え、その後釜にディープステイトの手先ヒラリーでは変化など期待する方がおかしいです。

過去の言動で多くの女性や若者に嫌われていたトランプが大統領選挙に勝利できたのは、相手がヒラリーだったからです。予備選挙でヒラリーに負けたバーニー・サンダースは民主社会主義者を公言する硬骨漢です。彼はグローバリゼーション推進を支えたFRB議長アラン・グリーンスパンを議会に呼んで、その責任を強硬に追及しました。彼が相手だったらトランプは勝てなかったと思います。

それまでの政権交代時の政府高官や高級官僚の人事は外交問題評議会が取り仕切っていたのでスムーズに埋まりましたが、反デービッドのトランプには外交問題評議会はそっぽを向きました。トランプ政権発足時の重要ポスト任命には時間がかかりましたが、トランプ自身が選んだ人たちで埋まりました。自分の意にそぐわないとすぐ首にできたのは、彼が決めた人事だったからです。それまでは、大統領といえども簡単に政府高官の首のすげ替えはできなかったのです。

国家の中の国家《ディープステイト》

ビジネスインサイダーの特集記事に戻ります。

《共和党の議会補佐官を長年務めて退職したマイク・ロフグレン（Mike

Lofgren）は、２０１４年に国家安全保障装置について書いた「ディープステイトの解剖学」の中で、この装置の力と到達範囲を冷ややかな言葉で表現した。「ワシントンのモールの周りに位置する目に見える政府があるが、その背後に、もう一つの、より影のある、より明確ではない政府がある。それは公民１０１（Civics 101）では説明されていないし、ホワイトハウスやキャピトルの観光客には観察できない」》

（注：Civics 101は、民主主義がどのように機能するかの基本について教えるポッドキャスト再教育講座のこと。）

《そう、ペンシルバニア通りの両端に見えるものの背後に、もう一つの政府が隠されている。公的機関と民間機関のハイブリッドな存在であり、時を選ばず一貫したパターンに従って国を統治している。我々が選ぶ指導者の、目に見える国家に断続的に支配されている。

　ロフグレンは「秘密の陰謀的な徒党」とは言っていない。むしろ彼は、国家の中の国家は、ほとんどの場合、目に見えるところに隠れており、その運営者は、昼の光の中で行動している」と主張したのである。》

《トランプ氏のもとでの米国は、……中略……。非公式または公には知られていない個人が国家政策を定義し、実行する上で重要な役割を果たす政府の影のような、あるいは並行したシステムだ。》

トランプと陰謀論

トランプとその側近は、高級官僚の一部がトランプを大統領として認めず、ディープステイトを形成して弱体化を図っていると唱えてきました。２０２０年４月以降立て続けに監察官を解任した際にも、ナヴァロ大統領補佐官は解任をディープステイト対策であることを示唆しました。（＊12）

トランプはかなり頻繁に「ディープステイト」を使っていますが、トルコ的な意味でもこの言葉は使いたくないのだそうです。その理由は陰謀論の印象を与えるから、と言っています。

陰謀論とは、ある事件や出来事について、政府発表やマスコミ報道によって一般に流布する説とは別に、策謀や謀略によって引き起こされたとする考え方です。そのなかには「北朝鮮による日本人拉致問題」のように当初は陰謀論として扱われていながら後に事実と確認された例もありますが、これは稀な例で、おおむね空想や妄想の類いとして悪い意味で使われます。

ビジネスインサイダーが「「ドナルド・トランプが何年もかけて流した24の奇想天外な陰謀論」と題して彼の陰謀論の特集を組んでいます。（＊13）

トランプの過去の発言やツイートを集めていて面白いのですが、全部取りあげると長くなりすぎるので皆様が退屈しない程度に選びました。勿論この記事の底流にも反トランプの考え方が流れています。

《大統領就任中も、選挙運動中も、そしてそれ以前の数年間でさえも、トランプはスーパーマーケットのタブロイド紙やインターネットの最も暗いコーナーの陰謀論的なコーナーに煽られて、持論を流してきた。

●テッド・クルーズの父親とジョン・F・ケネディ大統領暗殺者との繋がりについて。

テッドの父ラファエルは1963年にケネディ大統領の暗殺者リー・ハーヴ

エイ・オズワルドと一緒に親フィデル・カストロのビラを配っているところを撮影された、とナショナル・エンクワイアラーが報じた。

２０１６年のインディアナ州第一次選挙の前夜、トランプ氏は、タブロイド紙ナショナル・エンクワイアラーの検証されていない記事を受け売りすることで、元共和党ライバル候補のテッド・クルーズの父親の合法性を傷つけようとした。》

ナショナル・エンクワイアラーは全国のスーパーのレジ横に置いてあるタブロイド紙で、主要メディアが取り扱わないセンセーショナルな出来事を写真付きで報じるのを得意としています。スーツに身を包んだ人がこの新聞を手に人前に出ると、周囲からの白い目にいたたまれない思いをすることになります。

トランプはこういう新聞の報じることを平気で使うので、ＷＴＣの爆弾使用やオバマのニセ出生証明書といった真実事象も同じレベルの話と解釈されてしまったのではないでしょうか。

トランプは2012年に出馬をはばまれていた

《●オバマ前大統領の出生証明書について。

トランプ氏は、2012年の大統領選出馬の可能性を考えていたとき、オバマ大統領が米国で生まれていないことを示唆する噂を促進して、最も注目された人物となった。トランプ氏は私立探偵を雇った。彼らはオバマ氏の出生地について自分たちが発見したことが信じられなかった、と彼は主張した。

最終的にオバマ氏が長文の出生証明書を公表した際、トランプ氏はこの文書の信憑性に疑問を呈した。》

トランプは2012年大統領選出馬を宣言し、人気があった自分のテレビ番組で、オバマはアメリカ生まれではない、と言い始めました。オバマの弱点を突こうという作戦です。するとオバマが慌てて浅知恵でやったことが事態を悪化させかねず、ディープステイト総出で大事件を演出して全世界に報道され、それによってトランプは出馬を断念しました。この出来事の経緯は是非皆様に知ってほしいので、後の章で詳しく紹介します。

トランプが操った陰謀論

《●ビル・クリントン元補佐官の自殺について。

1993年にビル・クリントン大統領の元補佐官だったビンス・フォスター（Vince Foster）氏の遺体が発見された後、様々な法整備機関や独立した弁護士は、彼が自殺したと断定した。

しかし、ワシントン・ポストのインタビューでトランプ氏は、フォスターの死は「非常に怪しい」と示唆した。「彼は何が起こっているか熟知していた」と、トランプ氏はフォスターのホワイトハウスでの役割について語った。「彼は何が起こっているかすべてを知っていたのに、突然自殺した」》

ビンス・フォスターはクリントンの大統領就任から6カ月後、公園で銃弾による死亡が確認されました。享年48でした。その死にクリントン夫妻が関わっているとする説は、ＮＹポストに原稿を送っていたクリストファー・ルディ(Christopher Ruddy)の著書『ヴィンセント・フォスターの不可思議な死』から始まります。トランプが強調したかったのは、クリントン夫妻には人に知られては困る秘密があることだと思います。この人の死体が発見されたときの状況には不可思議な点があるので、後の章で触れます。

《●シリア難民がＩＳＩＳのテロリストかどうかについて。

トランプ氏は、シリアから来る難民が「トロイの木馬になる可能性がある」と主張することで、一時的にイスラム系移民の入国を禁止する彼の計画を、この陰謀説によって正当化している。

「史上最大のクーデターの一つになるかもしれない」とトランプ氏は、２０１５年にフォックスニュースのショーン・ハニティに語った。

「彼らはＩＳＩＳでありうる。陰謀でありうる。つまり、陰謀という観点では考えたくないが、陰謀かもしれない。」

しかし、難民を審査するプロセスは通常1年半から2年間続き、移民の専門家は、テロリストが合法的に米国に入国しようとする最も困難な方法の1つとしている。》

サダム・フセインの時代にはイラクにアルカイダは存在しませんでした。彼がいなくなってからイラクに現れて反政府運動を行いました。それが2014年6月シリアのアルカイダを吸収後「イスラム国」として自分たちの残虐行為をインターネットで世界中に流し、イラクで暴れまくり、イラク軍からアメリカ軍供与の一個師団相当の近代兵器をぶんどって意気揚々と車列を組んでシリア国境を越えました。（＊14）アメリカはシリア国内でのイスラム国の行為を黙認したので、1カ月という短期間でシリアの35％を支配下におくようになりました。（＊15）アメリカはＩＳＩＳを利用してアサドを潰そうとしたのです。

この状況下では、2015年のシリアには大勢のイスラム国構成員がいたことは確実です。したがって彼らが難民申請しようと思えばできたのです。申請が通るかどうかは別問題ですが。

ところで、トランプが「ＩＳＩＳがトロイの木馬になる」と言ったのは、ＩＳＩＳをシリア国内に入れたのがアメリカだったのを知らなかったからだと思います。

ワクチンの陰謀論

《●小児期のワクチンが自閉症の原因になるかどうかについて。

２０１６年共和党大統領討論会で、ＣＮＮホストのジェイク・タッパー(Jake Tapper) は、ワクチンが自閉症を引き起こす可能性があるという彼の立場について、トランプ氏に尋ねた。

「私たちは非常に多くの従業員の実例がある。先日、２歳の可愛い子供がワクチンを受けに行き、戻ってきて１週間後に途方もない熱を出し、とても、とても具合が悪くなった、彼女は今自閉症です」とトランプ氏は言った。

トランプ氏の主張の直後、元大統領候補者で脳神経外科医ベン・カーソン氏は、自閉症とワクチンの間には関連性がないことを示す圧倒的な医学的証拠があると指摘し、トランプ氏の主張を修正した。
疾病対策予防センター（ＣＤＣ）の２０１３年の研究では、ワクチンと自閉症のリスク増加との間には関連性がないことが判明した。》

１９８９年、米国で子供用ワクチンにチメロサールが添加されました。チメロサールは有機水銀化合物で、古くから防腐剤として使われてきました。前年の１９８８年までは２５００人に１人の割合で自閉症の子供の存在が知られていましたが、この年からその割合が１６６人に１人になりました。

２００３年から２００５年にかけてのＣＤＣのデータベースに入っている記録によると、チメロサール入りのワクチンは、入っていないワクチンよりも自閉症の発生が27倍も多いようです。

１９８８年から２００８年1月1日までに、水銀入りのワクチンが自閉症の原因とする５２６３件の訴訟が起こされました。１件は賠償金が払われ、３５０件は証拠不十分として却下され、残りは２０１０年時点で係争中です。

トランプはこういう事実を知っていたと思われます。

ところで、チメロサールは21世紀に入ってから世界的に使用が控えられる傾向にありますが、インフルエンザ用ワクチンは例外です。

チメロサールに関する日本の実情を書いたウィキペディアのページがあります。興味のある方は参照ください。（＊16）

ワクチンの歴史やそれにまつわる様々な出来事を知りたい方は、拙著『ウイルスは「ばら撒き」の歴史』（ヒカルランド社刊）を参考にしてください。

9・11の陰謀

《●ニュージャージー州のイスラム教徒が９１１事件後に喝采していたかどうかについて。

トランプ氏は、２００１年９月11日のテロ攻撃後、ニュージャージー州でイスラム教徒が歓声を上げているテレビ報道を見た、と強調した。

「対岸のニュージャージー州には多数のアラブ人がいる。彼らは、世界貿易センターが崩壊したとき喝采していた」と、トランプ氏はABC放送のインタビューで語った。

しかし、アメリカ国内での祝賀が攻撃後にテレビで放映されたことを示す証拠はない。当時、ニュージャージー州で祝賀が行われたという噂に言及したメディア報道はあった。しかし、そのような報道は実証されておらず、その行為に対する抗議を全国放送のテレビ局が放送したという証拠はない。》

ツインタワー崩壊映像を観たアラブ人が喜んでお祝いしていた映像はテロ当日にテレビに流れました。私はこの目でその映像を見て、こんちくしょうめ、と思ったのを今もハッキリ覚えていますが、それは中東からの中継映像でした。

そして当日、WTCの対岸のニュージャージー州バーゲン郡でバントラックを使ってWTC崩壊を最初から最後まで撮影していた数人の人間が逮捕されたことが報道されました。この中に2人のモサド工作員がいたことが後日判明しましたが、トランプはこれと中東の中継映像をミックスアップしたのではないでしょうか。

《●９１１ハイジャック犯の妻たちがテロ前にサウジアラビアに逃亡したかどうかについて。

共和党の大統領候補は昨年、同時多発テロを実行したテロリストはハイジャックの数日前に家族を米国からサウジアラビアに移した、と繰り返し述べた。「世界貿易センターがなくなったとき、友人、家族、ガールフレンドだった人たちが飛行機に乗せられ、ほとんどの人が、サウジアラビアに送り返された。彼らは何が起こっていたかを知っていた。彼らは家に帰り、テレビでボーイフレンドを見ようとした。」とトランプ氏は言った。

９１１委員会の報告書は、同時多発テロを取り巻く出来事について最も広範な調査を行ったもので、ハイジャック犯が家族と連絡を取り合っていた者はほとんどおらず、米国在住の家族は一人もいなかったと判断した。》

９１１委員会報告書が同時多発テロを最も広範な調査を行ったというのは事

実ではありません。同時多発テロ当日の夕方5時20分にいきなり崩れ始めた世界貿易センター第7号棟には一切触れていないのをはじめ、オミットした事実が幾つもあります。しかしここに書かれたハイジャック犯家族のことは合っています。当時米国にいたとされるハイジャック犯は8人で、家族持ちは一人もいず、テロ直前には全員がバーとストリップクラブで派手に遊んでいました。

トランプは、「ビン・ラディン一家が逃亡」というCBSの報道を勘違いしたのではないでしょうか。（＊17）

テロ当日、ビン・ラディン家族24人とサウジアラビアの重要人物たちがFBIの庇護のもと、車や飛行機を使ってテキサス州の秘密地点に集まりました。その日のうちに飛行機でそこからワシントンに行き、13日に全米の空港封鎖が解除になった時点で自家用機を使ってアメリカ国外に出ています。

この事実を自分の想像で膨らませたようです。

ちなみにテロ当日のテキサスからワシントンへの飛行は、同日午前9時25分に連邦航空局が発令した、全米の空港封鎖中に行われました。そして13日の解除は民間商業機だけで、自家用機が解除になったのは翌14日のことです。

米国政府は、ビン・ラディンの家族たちを守っていたのです。

地球温暖化という陰謀

《●気候変動の正当性について。

共和党の指導者の多くは依然として気候変動に懐疑的だが、トランプ氏はさらに懐疑的な姿勢を強めた。２０１２年、気候変動は中国政府によって広められた「全くの、非常に高価なデマ」であるとトランプ氏は示唆した。

「地球温暖化という概念は、米国の製造業を非競争的にするために、中国によって中国のために作られたものだ」とトランプ氏はツイートした。

トランプ氏はこのツイートを撤回し、フォックスニュースに「ジョークでした」と語った。それでも不動産王は気候変動がデマであると繰り返し主張し、気候変動研究は「中国の利益のために行われている」と述べている。

ＮＡＳＡによると、公表されている気候科学者の97％は、化石燃料の燃焼などの人間活動が気候変動を引き起こしたと考えているという。》

２０１７年６月１日にトランプが述べたパリ協定離脱は、彼がこの考えを捨てていなかったことを示していますが、地球温暖化が事実なのは確かです。ただ原因は人間活動ではなく、太陽活動の変化による太陽系全体の問題とする学者もいます。トランプは、化石燃料悪者説を推し進めるディープステイトに逆らいたいのでしょうね。

トランプのマイナス面

《●マルコ・ルビオ（Marco Rubio）の大統領資格について。

トランプ氏は、潜在的な大統領のライバルに憲法上出馬資格があるかどうかを推測してきた長い歴史がある。

２０１６年２月、両親が米国生まれの米国市民ではないのでルビオは出馬する資格がない、という主張を支持者にツイートした。（＊18）だがこの主張は、主要な憲法専門家が支持していない。

ＡＢＣの「This Week」で、ルビオ氏が大統領職に就くことが憲法上許されていないと考えているのかどうか訊かれて、自分の母親がスコットランド出身のトランプ氏は、そのツイートの存在を認めるのを拒否した。

「私は（そのツイートを）見たことがない。正直言って一度も見たことがない。彼はそうではない（大統領の資格がないこと）と誰かが言っていた。私はそれをリツイートした。私はツイッターとフェイスブックとインスタグラムの間に１４００万人の人がいて、私は物事をリツイートする。私たちは対話を開始する。それは非常に興味深いものです。」

さらに、彼は次のように付け加えた。

「私はなんとも言えない。人々に自分で判断してもらおう。」》

ここでは自分の母親が米国生まれではないのに、同じ立場の他人を非難し、自分がリツイートした内容の真偽を訊かれると、そう言っていた人間がいたと他人のせいにしました。あまり感心しないトランプがここにいます。

《●「アクセス・ハリウッド」テープの正当性について。

大統領選挙の終盤には、トランプ氏が女性を「p----」でつかむのが好きだと認めた2005年の「アクセス・ハリウッド」のテープが大々的に報道され、トランプ氏はその後すぐにその発言を謝罪した。

しかし最近では、メディアや政治におけるセクハラ疑惑が表面化し始めた後、トランプ氏はこれらの発言を撤回した。ニューヨーク・タイムズ紙によると、トランプ氏はある上院議員に「それが私の声だとは思わない」と語ったと報じられた。》

この事件はトランプが女性や若者から嫌われる典型的な一件です。

2016年10月7日、アメリカ大統領選挙の最中、ワシントン・ポスト紙は、2005年にトランプとテレビ司会者ビリー・ブッシュが「女性についての極めて淫らな会話」をしていた動画と、それに付随する記事を掲載しました。

トランプとブッシュは、NBCユニバーサルが所有する番組「アクセス・ハリウッド」のエピソードを撮影するためにバスに乗っていました。ビデオの中で、トランプ氏は既婚女性を誘惑する様を演じ、二人がこれから会おうとしていた女性にキスを始めるかもしれないと、トランプは身振りで示しました。さらに、「私は待つことなんかしない。スターになると、彼女たちはさせてくれる。何でもできるぞ。アソコを摑むんだ。何でもできるんだ」

録画のニュースは、トランプとヒラリーの間で行われる予定の第2回大統領討論会の2日前に公表されました。トランプはビデオの内容について謝罪する声明を出しましたが、その一方でビル・クリントンが「ゴルフコースではるかに悪いことを私に言った」と言って、注意をそらそうとしました。

トランプは1970年代以来、少なくとも25人の女性によって、非合意的なキスや手探りを含む強姦、性的暴行、セクハラの罪で告発されています。

2016年10月、トランプは、彼に対する性的な違法行為の申し立てを行ったすべての女性と、申し立てを公表したニューヨーク・タイムズを訴えることを言明したが、まだなんら法的措置は取っていません。

ディープステイトと共産主義

《●オバマがトランプの電話を盗聴したと主張
２０１７年３月、トランプはオバマがトランプ・タワーで電話を盗聴していたことを非難するツイートを送った。

「ひどい！　勝利の直前にトランプ・タワーでオバマが私の盗聴器を持っていたことがわかったばかりだ」と書いた。「何も見つからなかった。これはマッカーシー主義だ！」

オバマの報道官はこの疑惑への反応を発表しました。

「バラク・オバマ大統領も、オバマ政権下のホワイトハウスの役人も、米国市民の監視を命じたことはない。」》

盗聴を疑われて、はいやりました、と素直に認めるはずがありませんが、米国政府による米国市民監視はエドワード・スノーデンが２０１３年に暴露しています。スノーデンによると、同時多発テロ後からブッシュ政権が大々的に始めた国民監視はオバマ政権になって拡大の一歩をたどったようです。監視方法は、電話やインターネットの傍受はもちろん、カメラ付きパソコンのカメラを使ったのぞき見監視も行われていたのです。

トランプが非難めいた口調で叫んだマッカーシー主義というのは、共和党上院議員ジョセフ・マッカーシーが１９５０年２月に共和党女性クラブで「国務省に所属し今もなお勤務し政策を形成している、２５０人の共産党党員のリストをここに持っている」と発言したことから始まった社会運動、マッカーシズムのことです。彼が共産主義者だと批判した人は、連邦政府職員、マスコミや映画関係者だけでなくアメリカ軍幹部にもいました。

彼の摘発方法にはかなり強引な手法もあったことから、米国史上では狂気の時代としてマイナスのイメージです。

それでトランプも批判的に理解していたのだろうと推測しますが、この一件はトランプが自分の興味のないことには関心を寄せないことを表していると思います。なぜなら、マッカーシーの右腕になって摘発を行った若手検事ロイ・

コーン（Roy Cohn）を後日弁護士としてトランプが雇用しているので、ロイからいかにマッカーシーの行為が正しかったか、話を聞いていないはずはありません。

後世によく言われるように「上院の譴責決議の前にマッカーシーが大衆の人気を失っていた」という報道は事実に反しています。マスコミによるマッカーシーへのバッシングがピークに達し、上院の譴責決議まであと数カ月というときのギャラップ世論調査では、マッカーシーの行動への支持率は50％、不支持率は29％と国民の半分が味方していたのです。

民主党上院議員Ｊ・Ｆ・ケネディは、この譴責決議には強く反対していました。しかし民主党の方針でマッカーシーの譴責決議案に賛成票を投じざるを得なくなった彼は、「かねてから必要とされていた手術を受ける」ことを口実に投票を棄権しました。

ロイがディープステイトという言葉を使ったとは思いませんが、マッカーシーの運動を今流の言葉でいえば、彼とディープステイトの戦いだったのです。

マッカーシー告発前の米国務省内部には多くの共産党シンパがいました。

アメリカ人の共産主義嫌いは徹底していますが、アメリカ共産党は１９１９年から50年代半ばまでは合法的政党でした。米国奥の院ディープステイトはソ連設立後の経過に非常に満足していて、共産主義思想を使ってアメリカを内部から変えて行こうとしたのです。

アメリカ憲法の精神は人権を尊重し、政府の介入を最小限に留めようとするのに対して、共産主義体制では人権などないに等しく政府が全て支配します。権力を握って民衆の支配を計画する人たちにとっては、アメリカ憲法の精神は悪で、共産主義が善なのです。

第二次世界大戦後のソ連の勢力増大と共産中国の出現は、ニューヨークとロンドンの闇の世界金融（欧米奥の院ディープステイト）がバックアップしたのですが、彼らはその魔の手をアメリカ政府部内に伸ばしました。ソ連と中国とアメリカが共産党によって動かされるようになったら、世界中が共産党の支配になるのは時間の問題でした。１９７０年代中頃の国連加盟国の数は１５０になっていませんでしたが、３分の１近くの43カ国が共産主義だったのです。

しかしマッカーシーが立ち上がったことで米国民が目覚め、１９５４年の共産主義者取り締まり法でアメリカ共産党は実質的に非合法の存在になりました。

米国務省は共産主義だった⁉

話は少し横道に逸れますが、国務省の共産党寄り政策の一端を紹介します。
日本敗戦直後の１９４５年９月２日、朝鮮半島の北緯38度以北にソ連軍が進駐し、南半分は米軍の軍政下に入り、半島は38度線を境に南北２つの軍政支配体制になりました。

米ソ両国はそれぞれの支配地域での現地政府樹立を模索し、１９４８年８月15日半島の南側に李承晩を初代大統領とする大韓民国が誕生し、９月９日には北側で金日成の朝鮮民主主義人民共和国が成立しました。

１９４９年７月１日、米国の極東政策をリードした太平洋問題調査会（ＩＰＲ）の中心的メンバーで機関誌「パシフィック・アフェアーズ」の元編集長オーウェン・ラティモアが、ＮＹのディリー・コンパス紙に寄稿した文章の中に左の一文がありました。

「我々の考えは、南朝鮮を崩壊させること。しかし米国にはその責任がまったくないように見せることである」

パシフィック・アフェアーズの記事から半年後の１９５０年1月12日、当時の国務長官ディーン・アチソンがナショナル・プレスクラブで講演しました。そのとき発表した通称アチソン・ラインと呼ばれる米国の防衛戦は、アリューシャン列島から日本列島を通り、琉球諸島からフィリピンに引かれていました。韓国もインドネシア半島も含まれていなかったのです。

当時の国務省は、ユーラシア大陸東側を全て共産主義にするつもりだったことは明白で、北朝鮮が怒濤のごとく南進を開始したのは、アチソン演説から半年後のことで、北朝鮮軍は侵攻開始2カ月後には釜山近郊まで到達しました。

国務長官肝いりの南朝鮮崩壊政策を成就寸前にぶち壊したのは、共産主義嫌いのダグラス・マッカーサーでした。彼が立案した仁川上陸作戦は危険すぎるとして統合参謀本部に反対されましたが、強行した結果大成功して北朝鮮軍を中国国境まで追い詰めました。軍事作戦大成功にもかかわらず、ワシントンの方針に従わなかった彼は解任されることになります。

マッカーシー議員はラティモアとアチソンを非難し、１９５０年12月15日下院共和党は満場一致でアチソンの罷免を可決しました。

蛇足ですが、現在の日韓関係を考えるとマッカーサーの仁川上陸作戦は失敗していた方がよかったように思います。北朝鮮の金一家は、表面上は反日政策を採っていますが、一家専属の日本人調理師を置いているほどですから日本には悪い印象を持っていないと思います。文在寅なんかと交渉するより余程うまくいく……、と思うのは私だけですかね。

エプスタインの陰謀

《●クリントン夫妻がジェフリー・エプスタイン（Jeffrey Epstein）を殺したと主張。

２０１９年8月、トランプ氏は自身のツイッターアカウントで、ビル・クリントン前大統領とヒラリー・クリントン前国務長官を、金融業者で性犯罪疑惑のあるジェフリー・エプスタイン氏の死と結びつける根拠のない陰謀論を宣伝した。

トランプ氏は保守系コメディアンのテレンス・ウィリアムズ（Terrence Williams）氏の動画をリツイートし、証拠もなくクリントンがエプスタイン殺害に責任があると主張した。億万長者（注：エプスタインのこと）は8月初旬にマンハッタンの留置場で自殺したと報じられている。

法執行当局はエプスタインの死を捜査しているが今のところ誰も不正行為があったとは言っていない。ましてや政治家が関与していたと主張する者はいない。》

ビジネスインサイダーはエプスタインに犯罪者疑惑があると書いていますが、疑惑どころかエプスタインが手を染めた性犯罪は米国の政界と経済界の超有名人を巻き込み、２０２０年選挙後のトランプ信奉者たちの行動に大きな影響を及ぼしました。

エプスタインは１９５３年にブルックリンで貧しいユダヤ人夫婦の間に生まれ、地元の高校で2学年飛び級しているので優秀だったようです。

1974年にニューヨーク大学中退後、教職から証券会社のトレーダーになり、28歳で金融コンサルティング会社を設立しました。

2005年3月、一人の女性の訴えでフロリダ州パームビーチ警察がエプスタインの捜査を開始したときには、彼は億万長者になっていました。

裁判過程で明らかになった彼の品行は、人身売買、性的虐待、若い女性の強制労働などで、小児性愛の愛好者だったようです。

裁判所に提出された書類には、エプスタインは未成年の少女を「著名なアメリカの政治家、強力なビジネス幹部、外国大統領、有名な首相、および他の世界の指導者」に貸し出したと書かれていたようです。

彼は2016年に米領ヴァージン諸島にリトルセントジェームズという島を購入し、エプスタイン島と呼ばれるようになったその島に各界の著名人を招きました。

彼と交流のあったのは、英国のアンドリュー王子（Prince Andrew）、ビル・クリントン、ドナルド・トランプ、ウディ・アレン（Woddy Allen）が知られ、電話帳にはルパート・マドック（Rupert Murdoch、フォックスニュースを持つニューズコーポレーションオーナー、メディア王)、マイケル・ブルンバーグ（Michael Bloomberg 元ＮＹ市長)、マイケル・ジャクソン、トニー・ブレア（Tony Blair、元英首相)、エフード・バラク（Ehud Barak、元イスラエル首相)、ムハンマド・ビン・サルマン（Mohammed bin Salman、サウジ皇太子）ほか、多数の名前があったのです。

エプスタインは民間のボーイング７２７ジェット機を所有し、頻繁に旅行し、２０１６年に取得されたフライト記録は、クリントンが少なくとも十数カ所の国際的な場所に27回飛んだことを示しています。トランプはこの関係を引き合いに出したものと思います。トランプもエプスタイン島に行っていますが、後日それを訊かれて、余りにも酷いことが行われていたのですぐに島を出た、と述べたとＱアノンは信じています。

２０１９年7月6日、エプスタインはニュージャージー州のテターボロ空港で性的人身売買の容疑で逮捕され、ニューヨーク市のメトロポリタン矯正センターに投獄されました。

8月10日、朝6時半過ぎに看守が朝食を配っていて、心停止状態で無反応のエプスタインを独房で発見しました。彼はひざまずいた状態でベッドシーツを首に巻き、シーツは彼の寝台の上に縛り付けられていました。

8月11日、NY市検死官による検死後、NY市検死官事務所はエプスタインがベッドからシーツで首を吊っていた、と報告しました。

10月30日、弁護士が雇用した別の病理学者は、エプスタインの首の傷は自殺よりも「殺人的絞殺」との整合性が高いとする報告書を発表しました。彼は、エプスタインが「喉頭の左右に2つの骨折、具体的には甲状腺軟骨または喉仏、喉仏の上の左舌骨に1つの骨折があった。エプスタインの舌骨の骨折は、後ろからの絞殺を示すような形で折れていた」と主張しました。

彼はまた「ニューヨーク州の刑務所で過去40～50年に、自殺者と絞首刑の人間が1000人以上いたが、3回も骨折した者は一人もいない」と述べています。

当夜の矯正センターでは、おかしなことが起きていました。

30分ごとに夜通しでエプスタインをチェックするべき刑務所の通常手順は行われていませんでした。彼の独房をチェックするために割り当てられた2人の警備員は、約3時間机で居眠りをして、後に関連する記録を改ざんしています。エプスタインの独房の前にある2個のカメラは、その夜作動せず、別のカメラには使い物にならない映像が写っていました。

その他の陰謀論

《●２０１６年の選挙での有権者の不正選挙で人気投票の犠牲になったと主張。11月の国民投票直後に送信したツイートで、トランプ氏は「地滑りで選挙区に勝利したことに加えて、不法に投票した数百万人の人々を差し引けば、私は国民投票に勝っていた」と書いた。

この根拠のない主張は、7月にトランプ氏の有権者不正調査委員会の委員長を務めたクリス・コバック（Kris Kobach）氏によって繰り返された。》

トランプは選挙不正のことをこのときから言っていて、有権者不正調査委員会まで設立しています。トランプの選挙のことは、次章で取りあげます。

日本語ウィキペディアに「陰謀論の一覧」（＊19）と題したページがあります。そこに書かれた様々な分野にわたる項目の多さには思わず目を見張ってしまいました。ダイアナ元英国皇太子妃暗殺疑惑や天皇すり替え説、安倍政権陰謀論、バチカンによる死海文書差し止め説、自然療法弾圧説、フリーエネルギー弾圧説など興味深いものに混じって「不正選挙陰謀説」があります。

解説部分には「投票箱すり替えや自動票読み取り機による水増し操作などによって選挙結果に影響を与えているという説。」となっていますが、アメリカの実情は第一章で紹介した通りで不正選挙は紛れもない事実です。実際英語版ウィキペディアの「List of conspiracy theories」（＊20）には「Election Fraud」は存在しません。

この一覧から本書のテーマに繋がる2項目を採り上げます。長くなりますがお付き合いください。

９・11の陰謀再び

一つ目は「アメリカ同時多発テロ事件陰謀説」です。

その説明には「アメリカ政府は事前に事件を察知していたがなんらかの理由でその発生を見逃した、もしくは自作自演であったとする説。」とあります。

９１１事件はアメリカ政府の自作自演とまではいえませんが、政府発表とマスコミ報道を、事実と照らし合わせて冷静に観察すると多くの矛盾が見えてきます。

その一つが航空会社発表の４機の乗客リストです。そこにはハイジャック犯の名前どころかアラブ系の名前が一つもありません。ところがツインタワー１号棟に突っ込んだアメリカン航空11便のハイジャッカーの一人とされるサタム・スカミ（Satamu Al Saqami）のパスポートが事故現場で発見されていますから、その名前で搭乗したはずです。そのパスポートですが、不思議なことに、焼けた形跡がまったくないきれいなまま見つかったのです。

事件の詳細は拙著「9・11テロの超不都合な真実」（徳間書店5次元文庫）と「9・11テロ完全解析 10年目の「超」真実」（ヒカルランド社）の2冊で取りあげたので、興味のあるお方はそちらを参考にしていただくようお願いして、本書では大まかな流れを紹介します。

米国大統領選の二大政党候補者は両者とも外交問題評議会メンバーの場合が多いのでどちらが勝とうがあまり問題ではないのですが、2000年の選挙はどうしても息子ブッシュに勝たせる必要がありました。

その理由はもちろん、911同時多発テロが計画されていたからです。

米国内でアラブ人テロという考えは1960年代からイスラエルにあったと言われていて、1980年にイスラエル諜報機関モサド元長官イサル・ハルエル（Isser Harel）が自宅で、米国から来たユダヤ人ゲストに語った言葉があります。

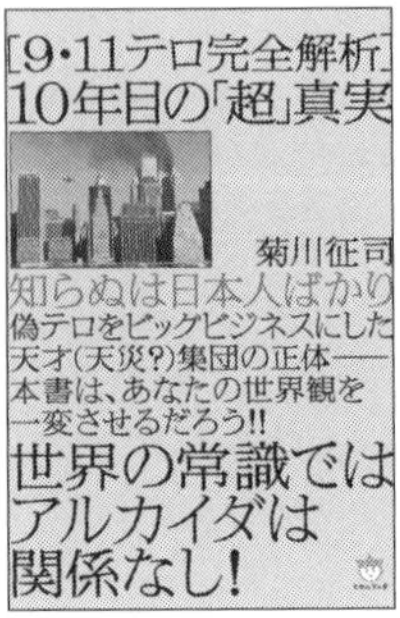

（エルサレム・ポスト、9/18/2019）（＊21）

「アメリカでテロは起きる。アメリカはテロと戦う能力を持っているが、その気持ちがない。テロリストたちはアメリカと戦う気はあるが、その能力がない」

イスラエルが両者の足りない点を補おうというのです。ニセのテロリストにアメリカを攻撃させてアメリカを怒らせ、イラクとイランをアメリカの武力で潰そうという魂胆です。イスラエルが最も恐れていたのがこの２カ国です。

攻撃目標まで決まっていました。

「ニューヨーク市は自由と資本主義のシンボルだ。彼らはあなた方の最ものっぽで繁栄の象徴であるエンパイア・ステイトビルを攻撃する可能性が高い」

イスラエルに都合の良いこの案を米国が採用することになったきっかけは、１９９１年のソ連崩壊です。冷戦終了によって国防費が削減されたことでソ連に代わる新しい敵を作る必要があった軍産複合体と、イスラエルの思惑が一致したのです。橋渡しはネオコンで、その殆どがイスラエルとの二重国籍保持者のネオコンが裏のディープステイトと結託したのです。実際に動いたのは政府部内に潜むディープステイトで、彼らのやることに反発する職員もいたようで政府発表とは矛盾することが何度か発表されています。

同時多発テロのための本格的な準備が始まったのは１９９６年頃と思います。

●ニュース専門放送局フォックスニュースがこの年に設立されました。２０００年の大統領選挙で最初に「ブッシュ勝利」を叫んだ局です。このときの選挙速報責任者はブッシュの従兄弟でした。

●世界貿易センタービル（ＷＴＣ）の新しい警備システム設置工事の始まったのがこの年で、９億９６００万円かけて２０００年に終了しました。このときのＷＴＣ全体の警備会社はセキュアコムという名で、１９９３年から２０００年までの会長はブッシュ兄弟の末っ子マービンで、１９９９年から２００２年までのＣＥＯはブッシュの従兄弟でした。

２０００年大統領選挙において何が何でも息子ブッシュを勝たせる必要があったのは、こういう人間関係があったからだと思います。

ちなみに本番では、エンパイア・ステイトビルではなくツインタワーが標的になりましたが、これは実行作戦立案に加わった米国側の要請だったと思います。ツインタワーが崩壊ターゲットになった理由として、110階の半分以上の階にアスベストが使われていたことやテナントの少なさなどが言われていますが、最も大きな変更理由は金塊だと思います。4号棟の地下4階には大金庫があり、常に大量の金銀が保管してあったのです。

セキュアコム会長だったマービン・ブッシュは会社を離れてから投資会社を共同で立ち上げました。投資会社ビジネスにはまとまった大きな資金が必要です。警備会社会長職7年間の給与と退職金は、投資会社の立ち上げ資金をまかなえるほど大きいとは思えません。もしかして金塊の分け前が……、などと思ってしまうのは下種の勘繰りですね。

イスラエルの原案になかったペンタゴン攻撃が加わったのはアメリカにとって不可欠だったからで、その理由は2つあります。

一つはアラブ人テロを軍事上の敵に仕立て上げるためには、軍事施設攻撃が絶対外せなかったことです。米国正規軍4軍が本部を置く国防総省の建物ペンタゴン攻撃は、イサル・ハルエルの言葉を借りればアメリカを攻撃する力などないイスラムテロ組織を、ソ連に匹敵する強力な敵という印象を作りあげるのに大いに貢献しました。

もう一つは、2000年にペンタゴンが出した132兆円もの巨額の使途不明金をうやむやにしたかったからです。

ディープステイトに抗うFBI職員たち

余談になりますが、FBI内部のディープステイトに加担しなかった人たちの、ささやかな抵抗例を2つほど紹介します。
●FBIの10大指名手配犯人リストにはオサマ・ビン・ラディンが掲載されていますが、罪状に911同時多発テロは入っていません。その理由を訊かれたFBI手配書担当官は「オサマが911に関係したという確たる証拠は存在しないから」と答えました。
●オクラホマ市連邦ビル爆破事件捜査のFBI公式コードネームは、OKBOMBです。この事件は連邦ビルの前に駐車したトラックの荷台に積まれた大量の爆弾による事件ですから、OKはオクラホマの略で、それに爆弾のBOMB

を組み合わせています。

９１１捜査の公式コードネームは、ＰＥＮＴＴＢＯＭです。ＰＥＮＴＴは、Pentagon/Twin Towers の略語です。ＢＯＭＢを表す単語の最後のＴがありませんが、意味は爆弾です。説明に「ペンタゴン・ツインタワー爆破調査(Pentagon/Twin Towers Bombing Investigation)」とはっきり爆弾と書かれています。（＊22）

あの事件は飛行機の激突ではなく爆弾だったと、まともな神経を持ったＦＢＩ職員は我々にそっと教えてくれています。

余談ついでに、９１１事件の不可思議さを教えてくれる事実をもう一つ紹介します。

米国政府は９１１の負傷者と犠牲者家族救済のために９１１被害者救済基金を設立し、２００３年12月22日に締め切りました。

ハイジャックされた４機の乗客と乗務員は合計２６５人ですが、申請者は１６９人で、申請していない遺族が96人いました。１６９人の遺族が受け取った平均額は、犠牲者一人につき2億１６００万円です。

皆さん、遺族だと証明して申請するだけで2億円以上の救済金をもらえるんですよ。あなたが遺族の立場だったら申請しないなんて考えられますか。96人の犠牲者が天涯孤独の身だったら別ですが、全員に身寄りがいないのは不自然とは思いませんか。

考えられるのは2つです。

一つは航空会社が発表した4機の乗客と乗務員名簿が間違っていて、実際は96人少なかった。

もう一つは、96人は搭乗したが死んでいない。ニセの身分証明書で搭乗券を購入し、4機の乗客・乗務員を地上で降ろす作戦に関わって、事件後素知らぬ顔で家に戻り、翌朝いつも通り家を出て出勤した。

あなたはどちらだと思いますか。

トランプが9・11追及をしなかった理由

ところで、トランプは米国同時多発テロをどう考えていると思いますか。

ネットにTrumpCommission.Orgというサイトがあります。（＊23）

トランプ委員会とでも訳すのでしょうか、トランプが次期大統領になることが決まってから立ち上げられました。設立目的はトランプにWTC崩壊の再調査を頼むためで、トランプ宛てに公開書簡を送りました。

冒頭に「あなたは、鋼鉄は非常に強いので、WTCタワーに爆弾が使用されたに違いないと事件当日に認識した、最初の1人でした。2500人以上の建築家やエンジニアだけでなく物理学の博士号を持つ人たち、学術誌のために研究論文を書いている人たちも、あなたに同意しています。」とあります。

トランプは事件当日に受けた2つのインタビューで「あれは爆弾だ」と明確に断言していたからです。このサイトにはその両方のインタビュー動画があり、爆弾が使われたとトランプは両方で述べています。

公開書簡の結びの部分を紹介します。

「ニューヨーカーたちに加わり、www.NYCCan.orgにある「9・11調査委員会」を設立するための請願書に署名することを考えてください。もしかしたら、あなたも委員会に参加したいのでは、おそらく委員長になりたいのではないでしょうか。」

このサイトには、トランプだったら率先して調査してくれるはずだ、と大きな期待を寄せる人たちの気持ちがあふれています。しかし、この人たちが寄せた大きな期待は無駄に終わってしまいました。トランプは真相を知っているのに再調査を口にしないのは、言いたいけど言えないのだと思います。

なぜなら、捕まるのが直接利益を手にしたブッシュとチェイニーたちだけなら万々歳ですが、犯罪に手を貸した多くの、もしかしたら何万人という政府職員が刑務所入りすることになります。しかも、WTC崩壊の犠牲者だけでも世界80カ国に及んでいますが、その国々から賠償請求が出るのは目に見えています。その上、アメリカの信用は地に落ちて、彼が訴えた「偉大なアメリカ再建」などロにするのもはばかられることになるでしょう。

アメリカの大統領ともなると簡単に決断するわけにはいかないと思います。

トランプがフェイクニュースという言葉を最初に使ったときを私は知りませんが、同時多発テロでの政府とマスコミ発表が爆弾のことなど一言も言わないので、マスコミは平気でウソを流すことを実感したに違いありません。

ジョン・F・ケネディ・ジュニア暗殺の陰謀

2つ目は、ジョン・Ｆ・ケネディ・ジュニア暗殺説です。説明には「彼が死亡した飛行機事故が、実は彼を暗殺するための人為的なものとする説。」とあります。

父親の暗殺犯人としては数多くの説がありますが、彼の場合は私が知る限り一つで、事件発生後ＮＹで聞いた話だけです。

ビル・クリントンの大統領職終了を機に政界進出をねらうヒラリーが、ニューヨーク州選出上院議員の引退に伴って、アーカンソー州から引っ越してニューヨーク州から上院議員選に出馬することになりました。ところがＪＦＫジュニアが政界進出を考えているという噂が流れました。ニューヨークにおけるＪＦＫジュニアの人気は高く、よそ者のヒラリーがどうあがこうと勝てるはずがなく、それで殺したという単純なものです。飛行機に細工するか爆発物を仕掛けたのでしょうが、それ以上のことや直接の下手人について耳にしたことはありませんでした。

ところが2005年9月6日、トム・フロッコ（Tom Flocco）という人物が、JFKジュニア暗殺に関与した人間たちの名前と殺害方法を詳しく書いて「誰がジョン－ジョンを殺したのか？　Who killed John-John?」と題してネットに発表しました。（ジョン－ジョンというのはJFKジュニアの愛称です）（＊24）

その内容は、フロッコがデルバート（Delbert、おそらく偽名）という名の、元インターポール工作員でCIA第4部のチームメンバーだったという人物から聞いた話が主体です。

CIA第4部というのは国際殺人事件捜査チームのようで、FBIの原因調査の手助けにかり出されました。

デルバートの奥さんの家族にJFKジュニアの祖母の縁者がいた関係で、彼は何度もジュニアと長く話したことがあり、彼の将来の展望も聞いたようです。ジュニアは2000年の選挙には、上院議員か大統領のどちらかに出馬する意向だったのです。上院議員ならヒラリーと、大統領選挙だったら息子ブッシュの対抗馬になるのですが、どちらでも勝利は確実だ、とジュニアは語ったようです（彼が出馬するなら民主党なので、予備選でアル・ゴアは敗退することになります）。

デルバートと別のチームメンバーによって書かれたCIA第4部予備報告書はジュニアの遺体発見前日の7月19日にできあがり、他の情報機関に配布されました。多くの人間から聞き取りを行って得た結論は「JFKジュニアの死は、最高位からの指示による政治的暗殺である」でした。

それによると、ジュニア出馬の話を伝え聞いてクリントン（当時は現職大統領）、ヒラリー（ファーストレディ）、ブッシュ・シニア（元大統領）、息子ブッシュ（当時はテキサス州知事）の4人に名前不詳のモサドエージェントが加わって、ホワイトハウスのオーバルルームでJFKジュニアの暗殺について相談したというのです。こんなことがどうして分かったのか、その理由は単純です。オーバルルームというのは大統領執務室です。その中で行われた5人の会話を聞いたという証人が存在するのです。

パパブッシュと息子ブッシュが、ニュージャー

ジーの空港でイスラエルのモサド工作員キカエル・ハラリと別のモサド工作員一人と一緒にいるのを目撃した証人が二人います。このモサド工作員たちはジュニアのセスナ機のそばに立っていました。

この証人はモサド工作員の顔と名前を知っていたようですが、きっとＣＩＡ工作員でしょうね。

4人が雁首《がんくび》揃えてジュニアを消す算段をつけた理由がもう一つ考えられます。世界中を騙す世紀の大犯罪米国同時多発テロの準備は順調に進んでいて、この頃残っていたのは息子ブッシュを大統領にすることだけでした。ゴア相手の選挙なら予測はつくので対策を立てられるが、ジュニアには国民の熱狂的反応が考えられ、生きていられると枕を高くして眠れない。この4人にとって人一人あの世に行かせることなど、ノミを一匹潰すぐらいにしか感じないはずです。

この後の経過を詳しく書いた別のサイトがあります。

要点を抄訳引用します。（＊25）

《オーバルルームに集まったそれぞれがジュニア抹殺に賛同する理由があった。

パパブッシュがいたのは、ＪＦＫジュニアが大統領になった暁には父の暗殺事件の捜査を再開するつもりと聞いたからだ。そんな馬鹿げたことをやらせるわけにはいかない。事件当日パパブッシュはダラスにいたが、「ＪＦＫが暗殺された日にどこにいたか」と聞かれて「思い出せない」と言っている。

世界を揺るがした衝撃的大事件を聞いたときに自分の居場所を覚えていないのは異常だ。人に言えない場所で、人に言えないことをやっていたのだろう。事件前夜の彼は、ジョンソン大統領と一緒にテキサスの石油王クリフ・マーチソンの邸宅で食事をしていた。おそらく暗殺計画の最終仕上げをしていたのだろう。

モサドが加わったのは、ケネディ暗殺をバックアップしたからだ。ケネディはイスラエルの核武装を認めず、米政府発行のドル紙幣を流通させた。そんな男の息子をオーバルルームに座らせるわけにはいかない。

モサドが立てた筋書きは単純で、機体が一定の高度を超えて降下してくると爆発する大気爆弾を、ジュニアの飛行機の尾翼に仕掛けるだけ。

マーサズ・ビンヤードへの着陸経路を計算することで、モサドはどの高度で爆発するかを知っており、すぐに回収することが絶対に不可欠だったので、飛行機を浅い海に沈めた。陰謀者たちにとって避けなくてはならないのは、民間人が飛行機と爆発の証拠を発見することだった。

アメリカ海軍がマーサズ・ビンヤード沖の海からジュニアの飛行機を回収しているとき、飛行機の尾翼部分は非常に大きなカンバスシートで覆ってあった。

なぜ米海軍はこのようなことをしたのだろうか？

もちろん、爆発の証拠を隠すためだった。

もう一つ異常なことがある。

ジュニアはこのとき公務員ではなく民間人だった。民間人運転で墜落した飛行機の回収を米海軍の船が担当したのはなぜか？

もちろん、海軍が現場にいれば隠蔽工作を進めることができたからだ。

もし民間の救助艇がマーサズ・ビンヤードからジュニアの飛行機回収を行ったなら、飛行機の尾翼を覆うようなことは考えないだろう。

あのとき海軍が到着するずっと前に民間の救助艇が現場にいたが、海軍が隠蔽工作を行う間、下がるように厳しく言われたという事実がある。

マスコミは我々一般人に、ジュニアが不注意で、不真面目で、熱血で、目立ちたがり屋のパイロットで、ほとんど常に通常のパラメーターの外で飛行機を飛ばしていた、と教えた。彼が常に無謀なことをしていたこと、彼は計器認証を受けていなかったこと、そして彼の飛行機が墜落したのは、彼のパイロットとしての無能さが原因だった、と教え込まれた。

それに加えて、その夜の天候が悪かったために視界が悪くなり、ジュニアを混乱させたのではないかとの情報が、飼い犬に成り下がったメディアから寄せられ、彼のパイロットとしての無能さと悪天候が彼の飛行を絶望的なものにしたと我々一般人は信じるようになった。

ところが数カ月後、真実がネット上に出始めたが、調査に十分な注意を払った人だけがそれを知ることができた。ジュニアは非常に経験豊富で熟練したパイロットであっただけでなく、彼に飛行方法を教えたフライトインストラクターは、ジュニアは計器飛行の資格も持っていて、非常に慎重で徹底していると主張した。さらに、その日の夕方の天気は晴れていて、視界も良かったのだ。

謀略家にとっては残念なことに、ジュニアの飛行機が空から石のように落ちるのを目撃した人が多数いた。

これらの目撃者は全員、ＦＢＩによって何度も事情聴取を受け、話を変えるように説得された。ジュニアの飛行機が海に飛び込む直前に、爆発を見たことと爆発音を聞いたことの両方を報告していた目撃者たちは、非常にしつこく説得された。》

参考のために、政府発表の調査結果を紹介します。

《１９９９年7月16日、ＪＦＫジュニアは自家用飛行機に奥さんと奥さんの姉の３人でニュージャージー州の飛行場を飛び立ち、一家の別荘のあるマサチューセッツ州マーサズ・ビンヤードに向かう途中、ロングアイランド沖の海上で消息を絶ちました。

異例の大規模な捜索が行われた結果、20日になって機体はマーサズ・ビンヤード沖合の海底35メートルの所で発見され、機体の中から３人の遺体が発見されました。

ＦＢＩと国家運輸安全委員会が行った、事故と事件の両面での調査は、機体残骸に爆発した痕跡や攻撃を受けた痕跡がなく、また機体、システム、航空電子機器、エンジンなどには機械的異常の証拠が見出されなかったことから、JFKジュニアの操縦ミスの結論を出しました。》

QアノンとJFKジュニア

ところで、英語版陰謀論リストの「死と失踪」欄には、西暦68年に自殺したローマ皇帝ネロから始まって、2016年7月に物盗りの犯行とされた民主党全国委員会の27歳の若手職員セス・リッチ（Seth Rich）の死まで、その途中にJFKを含む数多くの人名がありますが、JFKジュニアの名はありません。

ということは、JFKジュニアの死亡に疑念を抱いているアメリカ人は少数派ということになりますが、まだ生きていると思っている人が多いんじゃないでしょうか。JFKジュニア生存説はネットにあふれています。

私は暗殺説に納得してジュニアは死んだと思っていたので、ネットで現在の彼と言われる写真を見たときは、衝撃以外の何者でもありませんでした。それは彼の胸から上を撮影したもので、年取っていても相変わらずハンサムでしたが、目は生気がなく憂いを含んだ表情でした。ぱっと見たとき、従兄弟のロバート・ケネディ・ジュニアに似た印象を受けました。

早速調べてみるとジュニアが姿を現すと信じている人は、どうもQアノン（QAnon）と呼ばれる人たちのようです。

Qアノンの正確な始まりは、２０１７年10月に「Q」というハンドルネームの人物によって、匿名画像掲示板の４ｃｈａｎに投稿された一連の書き込みのようです。アノンは、anonymous の略で〝匿名の〟や〝名を明かさない〟といった意味です。

「Qアノン、ネット最大の謎の投稿者は誰？」と題するサイトがあります。（＊26）２０１１年にテキサス州ヒューストンで設立された、サイバーカルチャーとインターネット上の情報を扱うデジタルメディア会社、デイリー・ドットの記事です。分かりやすく掘り下げているので紹介します。

《「Qアノンは誰？」

10月、匿名の4チャンネルアカウントが、地球を変えるような政治的・司法的な出来事が起こるとの不可解な投稿を始めた。それ以来、陰謀論者、ジャーナリスト、興味津々の傍観者たちは、Qアノンとして知られるようになったアカウントの背後に誰がいるのかを推測してきた。

しかし、半年以上の投稿があったにもかかわらず、彼らが主張しているように政府のインサイダーなのか、それとも、その役割を生のゲームで演じて追随者を犠牲にして笑いをとっている人物なのか、誰もその正体を把握することができなかった。

「一．Qは匿名のトランプ高官」

これはアノン追随者や陰謀論者による最も一般的な推測である。アカウントの最初の身元の〝Q Clearance Patriot（Qクリアランスを持つ愛国者）〟と、エアフォースワンの窓から撮影されたと思われる写真や、アカウントの写真と一致する飛行経路の証拠など、様々な状況証拠と一致する。

また、Qの投稿とトランプ氏のツイートには、重複しているように見える言葉が使われ、一人のアノンがQに、トランプ氏の演説に「tip top（頂上）」というフレーズを挿入するように依頼すると、トランプ氏がそれに応え、イースターの演説で「tippy top」というフレーズを使った。》

Qクリアランス（Q clearance）は、国家機密情報にアクセスするために必要とされる、米国エネルギー省（DOE）のアクセス権限です。Qクリアランスを所持する者は、核兵器に関する最高機密情報にアクセスすることが認められます。

《「Qクリアランス」はエネルギー省の用語であり、ホワイトハウスのセキュリティクリアランスとは何の関係もない。それを超えて、エアフォースワンの飛行経路は、ツイッターのアカウント「@CivMilAir」を使えば見つけるのは難しくない。

Qアノンが投稿した情報の中には、極秘情報や大統領へのアクセスを必要とするものは何もない。そのほとんどは、無限に続くおおげさな質問、職務範囲内の軍のうたい文句、愛国心を煽る標準的な陰謀論のおしゃべりである。

誰でもこれらのことをまとめることができ、トランプ氏はたくさんツイートするので最終的にはそのうちのいくつかと一致する。

「二．Ｑは一人の人間ではなく、トランプ氏に近い人たちのグループ」

これは、Ｑがしばしば三人称で「私たち」と言い、投稿スタイル、構文、文構造が変化しているように見えるという事実を考慮に入れた代替説である。

この場合、Ｑは複数の人間を意味している。

だからといって、彼らのうちの誰かが高レベルのアクセス権限を持っていたり、大統領へのアクセス権を持っていたりするとは言えない。

「三．Ｑはトランプ氏を大統領に勧誘した影の軍事情報筋」

これは、バラク・オバマ氏が米国で生まれていないという陰謀論を大きくしたことで知られるアウトサイダー・ジャーナリスト、ジェローム・コルシ(Jerome Corsi)氏の説である。コルシによると、オバマ氏に対する軍事クーデターを起こしたいという内密の話で「将軍のグループ」がトランプ氏に近づいた。しかし彼らはトランプ氏が大統領選出馬を承諾したことで、クーデター実行を取りやめた。トランプ氏は政府内の裏切り者、すなわちディープステイトを根絶する合法的なクーデターを行うことに同意した。》

世界一の民主国家アメリカには軍事クーデターという、開発途上国用の単語は似合いませんが、２０１７年11月2日のＱアノンの投稿文は、ヒラリーがもし選挙に勝っていたら軍事クーデターを扇動する内容です。

「もし、トランプが敗北し、我々が負けて、ヒラリーが支配することになったら、我々、愛国者は想像を絶する手段行使の準備をすべきである。（中略）軍隊を使う以外に方法はない。それほどやつは腐敗して汚れている。」

彼女と亭主ビルがやってきた腐敗と悪行のレベルを考えれば、クーデターを起こしたくなる気持ちは理解できます。

クリントン夫妻の悪行は亭主のアーカンソー州知事時代から始まっていて、アーカンソー州メナ空港からのＣＩＡ麻薬密売活動を支援していました。二人がのし上がってきた過程において、二人と深い繫がりがあった多くの人間が不可思議な状況で死亡したことが知られています。ネットには〝クリントン遺体勘定（Clinton Body Count）〟という、物騒な名前のサイトまであります。（＊27）そこにはビルがアーカンソー州司法長官になった１９７７年から２０１６年までの40年間の、ＪＦＫジュニアを含めた１０９人の名前があります。亡くなった人たちの名前だけでなくクリントン夫妻との関係、年齢、死因、死亡状況が書かれています。

リストの最初の人間スザンヌ・コールマン（Suzanne Coleman）の文面を紹介します。

「スザンヌ・コールマン（26歳）。クリントンがアーカンソー州司法長官だったとき彼と関係を持ち、自殺したとき妊娠7カ月。死後解剖は許可されなかった。彼女の友人の言葉、子供の父親はクリントンと彼女が言っていた。１９７7年2月15日自殺、死因は、後頭部の銃創。」

ビルとヒラリーの結婚は１９７５年です。ビルとスザンヌとの関係が始まった時期は不明ですが、彼女の妊娠は１９７６年で、ヒラリーがチェルシーを身ごもったのはその3年後の1979年です。スザンヌから妊娠を告げられたとき、ビル・クリントンの顔には驚愕と恐怖が同時に現れたことでしょう。こうなると女の立場が上です。中絶を提案しても聞き入れてもらえず、自分の手で引き金を引いたかもしれませんよ。

ビジネスインサイダーの「トランプの奇想天外な陰謀論」の中にあったクリントンの元補佐官ビンス・フォスターの名前もあります。

「自殺に使用したとされる銃はまだ手に持っていたとされているが、遺体を最初に発見した人の報告によると、遺体を見つけたとき銃はなかったという。彼の死とその捜査には多くの不規則性がある。一つには、フォスターが口に入れて撃ったとされる銃にも、フォスターの手にも、血痕がついてなかった。」

ＪＦＫジュニアの名前がリストにある理由が書かれています。

「この事故は、ＮＢＣの看板ニュース番組デイトラインが、ヒラリーの当選確実だった上院議員選挙にジュニアが出馬するらしい、と報道した数日後に起きた。マスコミは事件後の数日間、当日の気候や彼の飛行技術について虚偽の情報を流し続けた。つまり隠蔽工作がなされた。この隠蔽工作が存在することがジュニアの死がエントリーした理由」です。

海軍は墜落海域の８キロ四方を飛行禁止区域に設定し、引き上げた機体の残骸を海軍基地に運び入れました。Ｑアノンの説明によると、ジュニア暗殺計画を探知した軍は前もってジュニアを安全な場所に確保していたというのです。ジュニアは犬が大好きで飛行機に乗るときも愛犬を伴っていたのですが、その犬が飛行機に乗っていなかったのをジュニアが飛行機には乗っていなかった根拠にしています。同乗していたはずの奥さんとその姉の生死の情報はありません。

《「四．Ｑはトランプ氏」

Ｑがトランプ氏に近い人物ではなく大統領自身ではないかとの憶測がある。Ｑアノンが作りあげた世界の英雄がトランプ氏であることを考えれば、これはそれほど的外れな説ではない。それを示唆する写真がある。銃暴力の生存者とタウンホールで面会したとき、トランプが手に持つ５枚のメモカードの５枚目には「I hear you」と書かれていて、Ｑはその直後に「５：５」に言及していた。

しかし、これはトランプ氏がコンピューターに無学であるというよく知られた事実を考慮に入れていない。彼は電子メールを使わず、手書きのメモをスタッフが届けていると報じられている。Qの投稿は、誤字脱字、文法の失敗、誤字だらけのトランプ氏のツイートスタイルとは、似ても似つかない。

トランプ氏がQかもしれないという信仰にもかかわらず、それを立証するための証拠はこれまでに提供されていない、横暴で荒唐無稽な憶測以外に。》

「I hear you」は「わかったよ」とか「君の言いたいことはわかるよ」といった意味で使われますが、このときトランプはこれをQアノンに対する返事として使ったようです。

Qの始まりは個人だったようですが、現在では複数の人間が同じ名前で行動している可能性が高いようです。Qアノンというのは、Qに同調する多くの人の総称として使われています。２０２０年10月時点で、トランプはQアノンと関係している１５０個のツイッターアカウントに返信したりリツイートしたりして、少なくとも２５８回、Qアノンの主張を増幅・拡散させていたようです。

ワシントン・ポスト紙に寄稿する文筆家で、陰謀論研究家の肩書きを持つトラビス・ビュー（Travis View）はポッドキャスト「Qanon Anonymous.（名前の分からないQアノン）」の共同ホストでもあります。

オンライン雑誌「サロン」が彼のインタビューを記事にして、「Qアノンの陰謀論を知るために」を副題にしたサイトがあります。（＊28）

Qアノンの主張や考え方が分かるので引用します。

《●Qアノンは何を信じているのか。

Qアノンは、悪魔を崇拝する小児性愛者たちによる世界的な陰謀があるという考えに基づいており、彼らは基本的に世界を支配しており、彼らはすべてをコントロールしている。彼らは政治家を支配し、メディアを支配している。ハリウッドを支配し、その存在を本質的に隠蔽している。ドナルド・トランプが大統領にならなかったら、彼らは世界を支配し続けていただろう。

ドナルド・トランプはこの悪の組織の悪行を全て知っている。ドナルド・トランプが当選した理由の一つは彼らに終止符を打つことだった。トランプは米軍と共に悪の陰謀団と戦っているが、Qがいなければ、私たちはドナルド・トランプと米軍が行っている、この裏の戦いを知らなかったであろう。Qとは何かというと、当初は4チャンに投稿して後に8チャンに移った人で、これらの投稿を通じて、舞台裏の戦いについての詳細や、陰謀組織の行いや、やがて行われることになる大量の逮捕劇について明かしたりしている。

●「嵐（The Storm）」とは何か。

Qアノン信奉者たちは、"The Storm"と呼ばれる差し迫った出来事があると信じている。下院議員アダム・シフ（Adam Schiff、民主党、カリフォルニア州選出）をはじめとするトランプ氏の敵が、小児性愛者の人殺しとして逮捕され、処刑されるだろうと考えている。Qアノンは、2016年のヒラリー・クリントン大統領選挙運動議長ジョン・ポデスタ（John Podesta）の逮捕を予測した。そしてその後、他の多くの高官は逮捕されないために暴動を組織するが、軍が出動して平定することになる、と言った。

「嵐」は基本的に、ヒラリー・クリントンやジェームズ・コミー（James Brien "Jim" Comey, Jr、元FBI長官）、ジョン・ブレナン（John Owen Brennan、元ＣＩＡ長官）らに、ハリウッドのセレブリティや他の高レベルの政治家やジャーナリストまで含めて、何万人もの人々が逮捕され、集められ、おそらくグアンタナモ湾に送られることになる一連の出来事を指す。そうでなければ軍事法廷に送られ、そこで凶悪犯罪の裁きを受けることになる。これが大まかな内容だ。》

Ｑは、トランプと闇組織の戦いの内幕を「Ｑドロップ」と呼ばれる書き込みでネット掲示板に投稿し、数十万人以上のフォロワーがいるとされています。しかし面倒くさいことに、ドロップは暗号になっており、意味不明な文も多く、固有名詞は大体イニシャルで、ＨＲＣ＝ヒラリー・ロダム・クリントン、ＴＫＧ＝卵かけご飯、など、タレントのＤＡＩＧＯのような使い方をします。したがって解釈の仕方で意味が違ってきます。「間もなく大勢逮捕！」とか、「裏情報」とか言って予言しますが、よく外れます。ジョン・ポデスタは、２０２１年１月15日時点では逮捕されていません。

《●Qは誰か。

Qが誰であったかの手がかりはあるが、Qと誰かを結びつける確固たる証拠はない。少なくとも年寄りがQのふりをしているとは思えない。

4チャンや8チャンは画像掲示板だ。ウェブやフォーラムみたいじゃない。画像掲示板は、アカウントを作成することができず、自分のアカウントを登録することもできない。しかし、トリップコードと呼ばれるものを作成できる。これは文字列のようなもので、当人だけが知る特定のパスワードに繋がっている。「Q」のトリップコードかパスワードを知れば、誰でも「Q」として投稿できる。

これらの画像掲示板には身元を確認する方法があるが、Qの場合は複雑だ。トリップコードが何度か変更されたり、リークしたり、ハッキングされたりしたからだ。でも、基本的に画像掲示板とはそういうものだ。

●Qアノンが信じていることに真実はあるのか？

Qアノンの主張の面白いところは、常に真実がほんの少しあることだ。広い意味では正しい主張もあるが、特定の主張は非常識で現実とはかけ離れている。

小児性愛者の徒党の場合は、そのようなことが実際に起こっていることは、遠くを見なくてもわかる。カトリック教会の大規模な性スキャンダルのことだ。例えばフィラデルフィアで、カトリック教会の司祭によって多くの若者が性的な被害を受けた。その事実は隠蔽されてきたが、世界中のいくつかの都市で同じことが行われていた、非常に悲劇的なことだ。

もちろん、ジェフリー・エプスタイン（Jeffrey Epstein）のケースもある。エプスタインは億万長者で何十人もの少女に性的虐待をしたというのに、当時の労働長官アレクサンダー・アコスタ（Alexander Acosta）と取引してパームビーチ郡の刑務所で13カ月間服役し、そのうち週に6日は高層ビルのオフィスで釈放され、リムジンの運転手付きで刑務所との行き来をしていた。

彼らはしばしば、「このようなことが行われていて、隠蔽されているのであれば、おそらく隠蔽は誰もが思っているよりも大きなものだ」という感覚を持つ。こういう点は否定できない。ハリウッドから権力者に至るまで、秘密の小児性愛者の一味は確かに存在する。しかし、だからといって、そういう輩を一人発見したからといって反射的に深刻に考えるのは、奇人の類いのすること

だ。》

トラビス・ビューという人物は陰謀論研究家と自分で名乗るだけあって、「嵐」や「悪魔崇拝の小児性愛者」「多くの政府高官の逮捕」「軍事法廷」といった、Qアノンに縁のない多くの日本人には理解できない単語が頻繁に出てきましたが、これらの言葉を日本国内で「ワシントンからのメッセージ」と謳ってネットに動画で投稿している複数の人たちがいます。

その一人に石川新一郎という名の富士見市会議員がいます。以前はN国党所属でしたが、今は違うと動画内で述べています。

第一弾の動画が出たのが国民投票4日後の11月8日で、そのあと必ず1日に1回、時には1日に2回の投稿が続きました。初回は選挙の不正を強調し、トランプは負けた訳じゃないから応援しよう、ということで、不正選挙の根拠の一つとして、投票率の不思議を述べました。

ネバダ州が125％、ミネソタ州が107％、ウィスコンシン州が105％、ペンシルバニア州が１０９％、ノースカロライナ州１０６％、ミシガン州１０５％、アリゾナ州１０１％です。

　投票権を持つ人間が全員投票に行くと投票率１００％ですが、皆さんの経験として投票券を持つ人間の全員が投票に出掛けるなんて、想像できますか。

　アメリカは、日本と違って選挙権保有者に自動的に投票券が送られては来ません。投票したい人は事前に選挙登録しなくてはいけません。したがって登録者全員が投票することはあるかもしれません。しかし投票率が１００％を超えるというのは、すでに死んだ人や架空の人の名前を使うことや二重投票が行われているのですから、明らかに不正選挙です。

　彼の主張は米国の選挙不正の悪辣さと、日本のマスコミが流すニュースがバイデン寄りだという批判が主になっています。この頃の彼の情報源はネットニュースで、中でもエポックタイムズ（大紀元時報）の報道を頻繁に紹介していました。

　それが12月14日、46回目の動画で「昨夜、トランプ関係者から直接電話が入りました」と述べました。

彼は、日本のメッセンジャーとして何人もの候補の中から選ばれたと言っているので、彼の動画を中心に見ていきたいと思います。

私の親しい友人の一人がトランプファンで、石川さんの動画を欠かさず見ていました。その彼が石川さんに電子メールで質問したところ、疑問に親切に答えてくれただけでなく後日彼の方から電話がかかってきたそうです。動画の顔つきと話し方で実直そうな印象を受けますから、選ばれた理由はその辺りにあるかもしれません。

二回目の連絡からは電子メールになったようですが、私の友人の話ではワシントンから日本語で来るそうですから、初回の電話も日本語だったと思います。

このあとワシントンから直接送られてくるという情報は、複数存在するといわれるQの一人、もしくはその人に関係するグループからの情報ではないかと思います。なぜなら、かなり高いレベルの情報が含まれているからです。

彼の他にもトランプの動きを詳細に追っている人たちがいます。

これらの動画を追っていくと、ディープステイトに戦いを挑んでいるというトランプをバックアップするQアノンの主張と、世界中で起きているというQ

アノン兵士による悪玉の逮捕劇を知ることができます。迫力満点の説明なので実際に起きているかのように思ってしまいます。これを映画化すると大ヒット間違いないと確信しますが、映画・テレビ関係者に採用してもらえるレベルの脚本を書く自信はないので、要点をまとめて第四章で紹介します。

第三章

なりふり構わぬ史上最大の選挙詐欺はディープステイト没落のスイッチをオンにした

——Qアノンの戦略!?

42歳のときから大統領を目指していた⁉

皆さんご存じのようにトランプはビジネスマンです。若いときからやり手なのは確かで、その良い例がNY市セントラルパークの中にあるスケートリンクです。

NY市は1975年に改修計画を発表し工事が始まりましたが、出来上がってもすぐ壊れて10年後の85年になっても完成せず、費用だけが増大し続けました。そこにトランプが現れて、費用は彼持ちで半年で完成させると当時の市長エド・コッチに約束したのです。

誰もがトランプの大風呂敷と陰口をたたいたのですが、彼は約束どおり完成させ、リンクはその後冬のNY市を代表する風物詩となったのです。勿論、交渉上手な彼ですから損はしていません。

この出来事は、まだ39歳だったドナルド・トランプは世間の注目を集めるのが大好きな二代目坊ちゃん社長ではなく、実務能力も持ち合わせていることを世間に知らしめた一件でした。その後彼のビジネスに投資したいというお金持ちが増え、トランプ・タワーもトランプカジノも多くの投資者の信頼があったことで完成しました。

トランプは１９８８年、42歳のときに初めて大統領選出馬を口にしてからその後たびたび出馬を公表してきました。大統領選挙は４年に一回必ずあって、衆目の注目が集まる度合いが大きいですから、自己宣伝効果は絶大です。

トランプは所属政党を何度も変えています。

１９８７年にマンハッタンで共和党員として登録し、１９９９年に改革党、２００１年に民主党、２００９年に再び共和党に転向しました。これは、よく言えば彼の柔軟性、悪く言えば主義主張のなさを表していますが、要は大統領になれるチャンスがあるならどこでもよかったのだと思います。

新大統領就任式に出席せずにフロリダの自宅に戻ったトランプに、新政党「愛国者党」を立ち上げて４年後に再度立候補するという噂がありますが、どうなることでしょう。

●1987年、トランプは主要3紙に全ページ広告を掲載し、「アメリカは自国を守る余裕のある国を守るためにお金を使うのをやめるべきだ」と宣言しました（余裕のある国の中には日本が含まれていました）。また、広告では「財政赤字の削減、中米の平和のために働くこと、ソ連との核軍縮交渉のスピードアップ」を訴えました。

彼のこの宣言文句について、民主党下院選挙委員長のベリル・アンソニー・ジュニア（Beryl Anthony Jr.）はニューヨーク・タイムズ紙に語った言葉があります。「トランプが説いたメッセージは民主党のメッセージだ」

このとき共和党員だったトランプですが、大枚を払った広告に出した宣言は民主党が主張する政策と同じ内容だったようです。

1988年大統領選への立候補の噂が本当かどうかを尋ねられたトランプ氏は、候補者であることを否定したが、「もし大統領選に立候補したら勝つと信じている」と述べました。

大統領候補への歩み

１９８８年12月のギャラップ世論調査によると、トランプはアメリカで称賛される10人の男女調査で６番目でした。大枚を払った効果がこんなところに出たのでしょうか。

●１９９９年７月、世論調査で、共和党候補のジョージ・Ｗ・ブッシュと民主党候補のアル・ゴアとの間でトランプは７％の支持を得ていると出ました。

同年10月、ＣＮＮのラリーキングライブ（Larry King Live）出演中に、２０００年大統領選挙に向けた準備委員会設立を宣言し、改革党の指名を求めるための調査委員会を設立しました。長年共和党の選挙に関係してきたベテランキャンペーン戦略家ロジャー・ストーン（Roger Stone）を準備委員会のディレクターとして雇いました。

評論家の中には彼の選挙運動の真剣さを疑問視し、彼のブランドを強化し、本を売るための戦術ではないかと推測した人がいましたが、立候補は真剣な取り組みだとトランプは言明し、選挙には勝つチャンスがあると宣言しました。候補者として何度もメディアに登場しましたから、自己宣伝効果抜群です。

2000年1月1日、著書「The America We Deserve」を発表しました。

1月5日、本の宣伝のためにトランプ・タワーで記者会見を開き、C-SPAN（注：議会中継を中心にした政治専門のケーブルチャンネル）が中継放送しました。本にサインをしたり、記者からの質問に答えたりして、「私は政治家になるには正直すぎるかもしれないな」と言いました。

この本では、彼が大統領になった場合に実行することを意図した一連の政策案をリストアップして説明していますが、テロを予測しました。

「私は本当に確信している。我々は一種のテロ攻撃の危険にさらされている。世界貿易センター地階での1993年の爆破事件は、爆竹で遊ぶ子供のように見える」

もしこれが2年後に起きる同時多発テロを予言したものだったら、彼は相当確かな情報筋を持っているに違いありません。

2月、突然選挙運動を終了しました。

●2004年1月、彼はNBCの「アプレンティス（The Apprentice）」出演を承諾し、番組は彼の毒舌と名物セリフ「お前はクビだ！」が人気になりました。

この年の共和党大統領選でブッシュに挑戦することを検討しましたが、最終的には断念しました。

2期目を狙う非アメリカ人、オバマに挑む！

●2011年春頃、「（2012年の）大統領選に出ようかな…」と言い始めました。

2期目を狙うバラク・オバマを、彼の出生問題で蹴落とすことが可能と判断したようです。ハワイ生まれと自称するオバマですが、当時米国民の20％の大人は彼が米国生まれではない、と信じていることが、2010年3月のハリス

世論調査で判明しています。(＊29)

この世論調査での他の調査結果は次の通りです。

「大人の40%がオバマを社会主義者だと信じ、30%以上が彼はイスラム教徒で、アメリカ人の銃を所有する権利を奪うつもり、と考え、25%以上が、彼はアメリカの主権を世界政府に譲りたいと考え、多くの憲法違反をして、アメリカの遺産に憤慨し、ウォール街の指示に従っている、と考えている。」

最初の期待が大きかっただけに、失望も大きくなったようです。

主権を世界政府に譲るつもりとか、多くの憲法違反をしてとか、ウォール街の指示に従ってとか、大手マスコミの報じないことを一般大衆が知っているのはインターネット時代だからこそ起きたことですね。

オバマがケニアの病院で生まれたことは父方の祖母が証言しています。

正式な出生証明書が存在しないことは一部の人の間では知られていましたが、一般の人は殆ど知らなかったのです。

トランプはテレビで、オバマは正式の出生証明書を持っていない、と一般大衆に向かっておおっぴらに言い始めました。

●4月27日、おそらくオバマが慌てたのだと思いますが、記者会見を開き、ハワイで取得したという長文の緑色の用紙に書かれた出生証明書をホワイトハウスのホームページにPDFで掲載しました。(＊30)

するとたちまち多くのアクセスがあったのは当然ですが、その中にPDFファイルを画面から分析した人が何人かいたようです。

●4月29日、詳細な分析結果がネットにアップされました。(＊31)

それによると、ハワイ州の出生証明書原本は、白い紙に黒字で印刷されています。その原本を緑色の「安全紙」にコピーし、州登録官がその緑色のコピーにスタンプを押し、日付を入れて、署名して完成です。

その現物をオバマは記者会見で見せていなかったので、分析している人がハワイ州保険局に電話して、「それがなぜホワイトハウスのホームページにPDFで掲載されたの？」と訊ねると「当局はPDF形式の出生証明書には関係しないので、ホワイトハウスに訊いてほしい」と言われました。

報告書の結論を先に言えば明らかな偽造で、作成日時は2011年4月27日12時9分24秒と秒まで出ています。作成場所は、報告書は断定していませんが状況からみて、ホワイトハウスの中でも外でもどちらでも考えられます。PDFファイルになっているのは、偽造にはPDFに落とすことが必要だったからです。送付のためではないですが、外部からの送付も考えられます。

ホワイトハウスのホームページにはこのときの記者会見でのオバマの言葉が今も残っていて、そこには9:48A.M. PDTと記されています。（＊32）PDTはPacific Daylight Timeの略で、太平洋時間のことです。ホワイトハウスでの記者会見ですから、東部標準時間12:48P.M. EDT,とするべきと思うのです。太平洋時間で示した理由が分かりませんが、オバマは偽造証明書ができて40分後には誇らしげに、これは本物だよ、と発表していたことになります。

PDFを作成したソフトウェアアプリケーションドキュメントは、Mac OS Xオペレーティングシステムに含まれているグラフィックとPDFのユーティリティであるプレビューです。使用しているプレビューのバージョンは、Mac OS X 10.6.7に含まれているようです。

制作手順も明確に書かれています。オバマは他人の緑の用紙を手に入れたようで、まず用紙に書かれた文字と数字を、登録官の署名と日付を除いた全てを消すことから始まっています。次にオバマ誕生の辻褄を合わせるための文字や数字が、文字を消した部分に打ち込まれたのです。

私のような素人の目から見ると細工されたようには見えません。偽造に手慣れたオバマのスタッフの一人が作ったのか、それとも失敗は許されないのでプロを雇ったのかもしれませんが、上には上がいるものです。トリックを詳細に解き明かす人がいました。

ビン・ラディン捕獲でオバマ支持率アップで断念

●4月29日、ワシントンDCに本拠をおくワシントン・タイムズ・ラジオのパーソナリティー、ロバート・スタンレー（Robert Stanley）が朝6時半のニュース番組“America's Morning News”で、「犯罪学的見地から見てオバマの出生証明書は偽造されたことは明らかだ」と放送しました。

長文の出生証明書は偽造だと見破った人は他にもいて、27日の晩にはユーチューブに動画で懇切丁寧に偽造方法を教えている人もいました。（＊33）

このままだと出生証明書公開が逆効果になって、トランプを調子付かせてしまいます。一刻も早くなんとかしないといけません。そこで頭をひねったのは、おそらく裏のディープステイトでしょう。

その日の夜11時35分、オバマがテレビを通じて国民に演説し、「今日、私の指示で、米国は、パキスタンのアボタバードの塀を巡らした屋敷に的を絞った作戦に着手した。（中略）オサマ・ビン・ラディンを殺害し、遺体を拘束した」と発表しました。（＊34）

海軍の特殊部隊SEALSがパキスタンのオサマの隠れ家を急襲し、彼を射殺後、遺体をインド洋に投げ捨てた、という事件です。

ちなみに、このときのオバマの演説内容を掲載したホワイトハウスのページは、11:35 P.M. EDTと東部時間表記になっています。これが当たり前なのです。

●5月4日、NYタイムズとCBSニュースが世論調査を実施しました。（＊35）オバマの支持率が前回調査より11ポイント上昇して57％になり、トランプの支持率は4月には26％だったのが8％に下落しました。

●5月17日、ロイタージャパンがボストン発で、トランプ撤退を報じました。（＊36）

「2012年の米大統領選挙への出馬が注目されていた富豪のドナルド・トランプ氏が16日、出馬を断念すると表明。同氏は声明で、決定は非公式のキャンペーン後に大いなる熟考を行った結果と説明。もし出馬すれば、予備選でも最終選でも勝てると今も確信している、としながら、民間を離れる用意ができていないと述べた。同氏は、オバマ大統領の出生問題をキャンペーンの争点に据える構えだったが、大統領が米国生まれとの出生証明書を公表したことでトランプ氏の支持率が急落した」

ロイターはトランプの支持率が下がった理由を、オバマの出生証明書公表としていますが、これは的外れな解釈です。ビン・ラディンの捕獲もしくは殺害はアメリカ一般大衆の長年の宿願でした。ブッシュができなかったことをやり遂げたオバマの続投を希望した人が増加したことで、支持率が上がったのです。

しかし裏のディープステイトにとって、このとき大きな問題が生まれました。オバマ延命のためとはいえ、国際的テロ組織アルカイダの親玉を殺したのですから、テロとの戦争という名目で毎年増額に成功してきた国防費が縮小の運命を辿る可能性が出てきました。

ビン・ラディンはとっくに死んでいた!?

アルカイダはオサマがいたから怖く、怖かったから国防費増額を議会が認めたのです。オサマのいないアルカイダなど、核爆弾を持たない北朝鮮と同じで誰も相手にしません。したがってその代わりになるテロ組織は、誰もが怖がるテロ組織でなくてはなりません。

テロリストの残虐さを考えたとき、真っ先に頭に浮かぶのはイスラム国（ISIS）ではないでしょうか。イスラム国は、フセイン政権が倒れたあとのイラクで2006年に生まれましたが、急激に勢力を伸ばしたのはオサマ死亡後で、隣国シリアのアルカイダを吸収してイラクとシリアにまたがる占領地域の独立を宣言したのは2014年です。イスラム国の通称ISISはIslamic State of Iraq and Syria（イラクとシリアのイスラム国）の略称です。

このテロ組織は豊富な武器弾薬を所有し、訓練が行き届き、指揮系統が確立し、卓越した広報技術を持っています。アルカイダの一派だったグループが短期間でこれほど世界に大きな影響を与えるほどの組織になりえたのは、サウジアラビアとカタールとトルコによる資金援助と、アメリカによる兵器・武器供与と戦闘訓練があったからです。その残虐性を自分たちでビデオにおさめてユーチューブに投稿することを教えたのは、アメリカなのです。

ところで、トランプが知っていたかどうか分かりませんが、ビン・ラディンはとっくの昔に死んでいた可能性が高いのです。彼は元々病気がちで、2001年7月1日にアラブ首長国連邦の首都ドバイで、地元のアメリカン病院に入院しました。そのとき地元の名士やサウジ政府の使いに混じってCIAの地区局長が見舞いに行ったことを、イギリスのガーディアン紙が報じています。

事件前日の9月10日、パキスタンの軍病院に人工透析を受けるために入院しています。しかも彼の人工透析を手がけたのはその軍病院の医師たちではなく、アメリカ政府派遣の特別チームだったと、2002年の1月28日にCBSが報じました。

２００１年12月にトラボラ山で肺の合併症のために亡くなったと、オサマの死を最初に語ったのは、当時のアフガニスタンのタリバン政権を世界で唯一承認していたパキスタンの、当時の大統領ムシャラフですから信用性は高いと思います。しかし国民にテロの恐怖を持続させるのと国防費増額のために、アメリカは彼が生きていることにしたのです。

その後時々オサマの声明が出てきましたが、これは１９９２年2月1日のワシントン・ポストが報じた、米空軍開発による音声変換装置が使われたと思います。

日本に落とされた原爆を開発したニューメキシコ州のロスアラモス国立研究所で、空軍が「特定個人の10分間分の音声録音があればその人の声を正確にコピー再現できる音声変換装置を開発した」と記事になりました。当時、サウジ有数の大金持ちビン・ラディン家とブッシュ家は深い繋がりがありましたから、オサマの声なら10分どころか1時間でも入手可能です。

出馬断念はディープステイトとの取り引き!?

さて、この一連の出来事で私が不思議に思うのは、トランプがさっさと撤退を決めたことです。

偽造の事実はネット上に上がっていますから、彼が気付いていなかったとしたら彼の取り巻きが教えていたはずです。そこを自分のテレビ番組でしつこく突けば突破できたと思います。それをしなかったのは、オバマから手を引けば4年後の予備選出馬に手を貸すぞと、ディープステイトからの申し出があったからではないでしょうか。ロイターが報じた「トランプの大いなる熟考」というのは、その申し出をじっくり考えたことではないかと思います。

彼らにしてみれば次に送り出す予定のヒラリーには、トランプにつつかれて右往左往するような弱みはありませんから、トランプごときに負けるはずはないと高をくくったものと思います。

●2013年3月5日、トランプは保守政治行動会議で講演し、2016年アメリカ大統領選への出馬の可能性のための情報収集を行うと発表しました。(＊37) 保守政治行動会議(the Conservative Political Action Conference)は、全米最大の保守の会議です。

「沼の水を抜く」をスローガンに立候補を表明

●2015年2月、トランプはNBCの人気番組「アプレンティス」の契約を更新しませんでした。

●4月7日、クリントン陣営は民主党全国大会で、「パイドパイパー(Pied Piper)候補」であるドナルド・トランプ、テッド・クルーズ、ベン・カーソン(Ben Carson)に焦点を当てるよう指示していたことが、ウィキリークスが公開したメモで明らかになっています。(＊38)

パイドパイパーとは、人を巧みに誘い込む者とか無責任な約束をする指導者の意味です。(リーダーズ英和辞典第2版)

●6月16日、トランプはトランプ・タワーで選挙集会と演説を行い、正式に立候補を表明しました。彼が演説の中で述べたのは、不法移民、アメリカの雇用の国外移動、莫大な国家債務、イスラムテロの国内問題で、キャンペーンスローガンは「メイク・アメリカ・グレイト・アゲイン（偉大なアメリカ再建）」でした。大統領選挙運動は自己資金でまかない、寄付者やロビイストからの資金を拒否すると宣言しました。

ロビイストからの援助拒否は、トランプは紐付きではないということです。

これに加えて、選挙戦終盤に「沼の水を抜く」と言い始めました。

「沼の水を抜く」の意味について、ビジネスインサイダーが「正しい比喩ではないが、トランプの〝沼の水を抜く〟の意味はこういうことだ」と題した記事で解説しています。（＊39）

《10月に新たなスローガンが加わりました。「沼の水を抜く」です。トランプ氏は、その日に、抜本的な倫理改革の計画を発表し、「我々の政府を再び正直にする」ことを誓いました。

しかし、トランプ氏はホワイトハウスの移行チームをワシントンのロビイストや共和党のベテランで固めていると報じられており、彼が本当に「沼の水を抜く」のかどうか、そして一般のアメリカ人とは無縁の政治的インサイダーをワシントンで浄化するのかどうかを疑問視する声も上がっている。

●この言葉はどこから来たのでしょうか?

欧米でマラリアが問題になっていた頃、湿地帯の水を抜くことは、そこで繁殖した蚊を退治して病気を広めるための効果的な方法でした。

トランプ氏はこのフレーズのインスピレーションをロナルド・レーガン大統領から得た可能性が高い。

1980年、レーガン大統領はワシントンの官僚機構の「沼を排水する」ことを呼びかけ、グレース委員会を設立し、削減できる無駄な政府支出のうち4230億ドルを特定した。委員会の報告書は、潜在的な貯蓄を過大評価して必要な支出を「無駄遣い」に分類したため、議会はその勧告に行動を起こさなかった。》

レーガンとトランプの共通項

話は少し横道に逸れますが、レーガンは外交問題評議会のメンバーではありませんでした。

ワシントンの官僚機構の「沼を排水する」などという危ないことを就任前年の1980年に言ったためなのか、就任2カ月後に3秒間で6発の銃弾を至近距離から撃たれました。病院までの途中、救急車が道に迷うという馬鹿げたことが起きましたが、大統領専用車のボディに当たって跳ね返った弾丸は心臓近くで止まっていたので、レーガンは一命を取りとめました。

犯人のジョン・ヒンクリーは狙撃の翌日、パパブッシュの三男坊ニール・ブッシュと会食する予定になっていたと言われていますが、これはガセネタだと思います。なぜなら、大統領を狙撃した翌日は間違いなくブタ箱です。その日に会食の約束をしていたとしたら、ヒンクリーの脳の回路がどこかで切れています。ただし発作的にやったのなら話は別ですが、彼は新聞でレーガンの予定を確認していますから犯行は計画的です。

執刀した医師は民主党員でしたが「今日は我々全員が共和党員になります」と答えてレーガンを喜ばせ、適切な処置を施したことで、外交問題評議会メンバーの副大統領パパブッシュの大統領就任宣誓は8年後になりました。

ヒンクリーは1982年の裁判で13の罪で起訴されました。重要な争点の一つはヒンクリーの精神状態をどう見なすかという点で、弁護側は精神の病気に罹っているとし、検察当局は法律上健全であるとしました。結局、6月21日に「ヒンクリーは精神の病気にかかっており、責任能力がない」との判断で無罪判決が出されました。ヒンクリーの父親ジョン・ウォーノック・ヒンクリーは副大統領パパブッシュへ多額の寄付を行っていたことが判明していますが、その効果がここに出たのでしょうか。

レーガンは所得税とIRSの件でディープステイトに抗う!

ところでレーガンは自分の言葉に責任を持つ男だったようです。

「沼を排水する」ために1982年に設立したのが実業家ピーター・グレースを長とする委員会で、1984年にグレースが提出した報告書の内容は衝撃的です。（＊40）

米国民全員から徴収される連邦所得税の100％は、連邦政府の債務に対する利息と連邦政府の送金による支払いの拠出によって消えてしまっていたのです。言い換えれば、納税者のために使われる前に連邦所得税は消えてしまっていることが、このとき初めてレーガンによって明らかになったのです。

そもそも税金を徴収する役所、内国歳入庁（ＩＲＳ）と、政府にお金を貸す連邦準備銀行の設立は、両方とも1913年です。連銀は欧州の奥の院ディープステイトの指示で、米国の構成員たちが知恵をひねり、巧妙な作戦を練って立法化に成功しました。1901年から1910年までの政府負債は毎年10億ドル前後でしたが、1920年にはいきなり40億ドルに跳ね上がり、1960年には2840億ドル、1998年には5兆5000億ドルに大ジャンプです。

この異常な増え方に疑問を持って調査のメスを入れたレーガンですが、2年に及ぶ調査の結果出されたグレース委員会のアドバイスは議会に無視され、レーガンはこのあとディープステイトと良い関係を保って8年間を無事勤め上げました。

政府の負債額増大に比例してディープステイト奥の院が潤う

ちなみに、米連邦政府にお金が必要になると連邦準備銀行が用立てます。その債務は巨額ですから利息だけでも大変な額になることは想像できます。その支払い先は連銀ですが、これまで一度も連銀は収支報告書を提出したことはないので、その巨額のお金がどう処理されているかは不明です。連銀は私立銀行ですから、おそらくその利益は株主に分配されているでしょう。

全米に12カ所ある連銀のリーダーはNY連銀で、11カ所は飾りです。NY連銀の株主は、2009年までは10行でした。そのうち6つはヨーロッパにあるロスチャイルド系銀行で、アメリカは、ロスチャイルド家代理人のクーン・ローブ商会とゴールドマン・サックス、リーマン・ブラザース、そしてモルガン・チェース銀行でした。破綻したリーマンの株は、当時の状況から判断してゴールドマン・サックスが手に入れたと思います。

２００９年のリーマン破綻から始まった世界金融恐慌に至る顚末を、私は現地でつぶさに観察しました。詳細は拙著「[新装版]世界恐慌という仕組みを操るロックフェラー」(ヒカルランド社刊)に書きましたのでここでは取りあげません。起きた出来事を時系列に並べて関係した企業と人間関係を繋ぐと、出てきた結論は一つで、まったく人為的な世界金融恐慌だったのです。

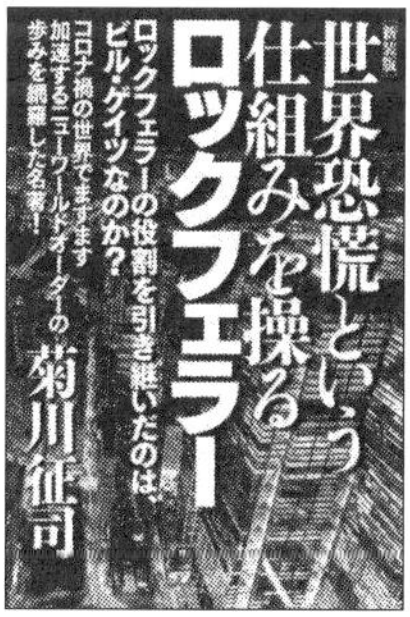

あの出来事は、ディープステイト奥の院が25年の歳月をかけて計画し、米国政府内と議会に配した構成員全員がそれぞれの役割を果たしたことで、公的資金注入の名目で巨額のお金が連銀から欧米の大銀行に流れ、政府の負債が一気に増大しました。

日本を含めて世界中の国々の中央銀行を設立したのは、欧州のディープステイト奥の院です。世界中の政府の負債額に比例して彼らの富も増大します。彼らの目的の一つに国家を破産させることがあるのではないでしょうか。

現在起きているコロナ騒ぎもその一端と思います。

2021年の今は、変異したコロナウイルス感染が拡大して世界中の国が被害を受けていますが、彼らにとっては喜ばしい出来事に違いありません。経済が破綻して税収が減少し、企業と国民への救済金支払いと、全国民対象のコロナワクチンの無料接種費用で、世界中の国の負債が一気に増大します。

新型コロナを作ったのは中国ですが、作らせたのはディープステイトです。その悪の権化ディープステイトに立ち向かったのがドナルド・トランプで、彼は正義の味方の英雄だとアノン信奉者は頭から信じたのです。

主要な新聞、スポンサーが候補者トランプにそっぽを向く!

本題に戻ります。

2016年選挙に向けた立候補表明後、トランプはアイオワ州とニューハンプシャー州を含むいくつかの初期の主要州を訪れて選挙運動を行いました。彼は早々と選挙戦出馬を決めていました。

●２０１５年8月6日、フォックスニュース主催の第一次共和党討論会が開かれました。トランプは、共和党の指名に失敗した場合、共和・民主両党以外の第三党から立候補することを排除しないと述べました。彼にすれば、大統領になることが重要で所属政党はどこでもよかったのでしょう。

翌9月、彼は第三党から立候補しないことを約束する共和党の忠誠誓約に署名しましたが、これはおそらく共和党上層部から圧力がかかったからと思います。

●２０１６年2月1日、共和党候補者を選ぶ予備選に、大統領選挙史上最大の17人が立候補しました。トランプは泡沫候補と見られていましたが、メキシコ国境に壁を築くという公約が注目を浴びたためか、国民の注目を得て第1候補となりました。

しかし、トランプは現代アメリカ史上初の、主要新聞からの支持がまったくなかった最初の候補者になりました。それだけでなく、多くの共和党寄りの新聞が競争相手ヒラリー・クリントンを支持し、しかもトランプには投票しないよう読者に促したのです。

その上、共和党の知事、下院と上院の多くの著名共和党議員は、トランプから距離を置き、党の候補者を決める共和党全国大会に出席しないと発表しました。

2012年の共和党大会を後援した6大企業、ウエルズ・ファーゴ、UPS、モトローラ、JPモルガン・チェース、フォード、ウォルグリーン・ブーツ(ドラッグストア運営を中心に健康サービス事業を展開)は、2016年の共和党大会を後援しないと発表していました。

共和党寄り新聞が民主党候補を支持し、大企業が大会支援を断ったり縮小したりすることになった原因は、彼の女性蔑視発言と人種主義者的言動というよりもディープステイトが動いたからというのが真相に近いと思います。

不法移民排斥のためのメキシコ国境沿いの壁建設、自由貿易協定反対、TPP反対等の民族主義的公約に、ディープステイト奥の院が危険を感じて傘下の企業や議員を動員したのだと思います。

●7月18日～21日、オハイオ州クリーブランドで共和党全国大会が開かれ、トランプとペンス組が勝利しました。
コカコーラ、マイクロソフト、ヒューレット・パッカードを含む多くの著名企業や業界団体は、大会への参加を縮小し、コンベンションイベントやスポンサーシップへの貢献を大幅に減らしました。

「衝撃的」な勝利の裏側

●11月8日、投票日。
国民投票でヒラリーはトランプよりも287万票多く得ました。彼女は、ほぼすべての選挙前の全国世論調査とほとんどのスイング州の世論調査でリードしていましたから妥当な出来事ですが、肝心なのは選挙人の獲得数です。トランプの方が過半数を獲得したのです。国民投票で勝って獲得選挙人数で負けてしまった候補は過去に4人いて、ヒラリーは5人目になりました。

ありそうもなかったトランプ勝利をメディアは「衝撃的」と表現し、負けるなんて微塵も考えていなかったヒラリーは敗北を知ってショックを受け、その晩の支持者集会に姿を見せなかったほどです。トランプ自身も勝てるとは思っていなかったと、大統領選挙人数確定後にウィスコンシン州で語っています。（＊41）

まったく政治経験がなく軍務についたことのない大統領が誕生したのです。しかし、トランプ勝利が報じられると全米で大規模な抗議行動が起こり、数日間続きました。抗議者たちは「私たちの大統領ではない」や「次期大統領を受け入れない」などと叫び声を上げました。

高校生と大学生は抗議のために授業をボイコットし、抗議行動で旗などが燃やされました。一部の抗議者は、ロサンゼルス、サンディエゴ、ポートランドの高速道路を封鎖し、多くの都市で抗議者は警察によって、ゴム弾、唐辛子スプレー、ビーンバッグを使って解散させられました。ニューヨーク市では、選挙後数日間にわたって抗議行動を継続するよう呼びかけられ、マドンナ、シェール、レディー・ガガなどの著名芸能人がデモに参加しました。

私は32年間の在米生活中に大統領の交代を5回見るチャンスがありましたが、

これほど激しい反対デモが起きた例は記憶にありません。この大勢の若者による騒ぎをテレビで見ていた私の頭をよぎったのは、こりゃ、トランプの二期目はないぞ、という思いでした。

トランプ反対デモに参加した若者たちの多くは、恐らくヒラリーの勝利を確信して選挙登録にさえ行かなかったのだろうと思います。しかしこの人たちは4年後には相手候補が誰であろうと関係なく、トランプを勝たせないために選挙登録して投票に行くだろうと思ったのです。

ファーウェイ、中共（ディープステイト奥の院）との戦いが始まった！

トランプは共和党が支持する自由貿易協定や軍事介入政策に反対しました。これはアメリカの外交政策を牛耳ってきた外交問題評議会が中心になって推し進めたグローバリズムの反対方向です。

トランプは巨額な貿易赤字を抱える中国との貿易交渉を就任早々から始めました。日本との貿易も大赤字ですが、当時の首相安倍さんがトランプと良い関係を築いていたのが幸いして、つつかれませんでした。

ニューズウィーク日本版が「〝ファーウェイ排除〟大統領令を繰り出したトランプの狙い」と題して２０１９年5月19日号で特集しています。（＊42）

《15日、ドナルド・トランプ米大統領は、大統領令１３８３号の「インフォメーションやコミュニケーションのテクノロジーとサービスのサプライチェーンを安全にするための大統領令」に署名した。この大統領令では、サイバー空間などで国家安全保障にリスクがあるとみられる企業の通信機器を米国内の企業が使うことを禁じている。

さらに米商務省も、ファーウェイと関連企業70社を「エンティティーリスト」、つまりブラックリストに追加すると発表。これによってファーウェイは米政府の許可を得ることなく米企業から部品などを購入することが禁止された。》

これほど強い対中国敵視政策を実行した大統領がトランプ以外に過去にいなかったのは、ケネディ以外の全員がディープステイトの飼い犬だったからです。

《米中貿易交渉を簡単に振り返ると、２０１７年3月にトランプが、貿易赤字是正の検討と関税強化を打ち出した2つの大統領令にサインをしてから交渉が本格化した。２０１８年３月には一部の国を除いて鉄鋼に25％とアルミニウム製品に10％の関税を発表し、４月には逆に中国が米輸入品の一部に最大25％の関税を科すなど、いわゆる貿易戦争の様相となった。ただ２０１８年12月には、米中首脳会談で貿易交渉期間の延長が発表された。

すると、その同じタイミングで、ファーウェイの創業者の娘でＣＥＯを務めていた孟晩舟（モン・ワンチョウ）が米政府の要請によりカナダで逮捕される事態となった。それまでずっとファーウェイや別の中国通信機器企業である中興通訊（ＺＴＥ）をはじめとする中国通信関連企業を目の敵にしていた米政府が、ファーウェイを締め出す絶好の機会を得たのだ。》

中国大陸を毛沢東に渡したのは、ディープステイト奥の院の指示によって動いた米国務省と軍部です。共産党のＤＮＡにすり込まれた権力闘争が中国で始まると、奥の院はしばらく傍観していました。待ちきれなくなった奥の院は１９７１年にキッシンジャーを秘密裏に北京に送りだし、国交正常化の道筋を探らせました。このときキッシンジャーはロジャース国務長官と国務省に一切知らせずに、フランス、ルーマニア、パキスタンなどに勤務している駐在武官やCIA支局長を利用して秘密裏に北京に到着しています。

奥の院の主要人物の一人、デービッド・ロックフェラーは文化大革命の最中に支那大陸を訪れたのをはじめとして都合3回北京を訪問しています。彼の手先キッシンジャーの支那大陸訪問は70回に及ぶと言われていて、観光旅行に行くわけがなく、すべて米国の製造企業の中国移転の仲介に出かけたのです。

現在のアメリカには東南アジア諸国製の物もあるかもしれませんが、私が生活していた2009年頃までのアメリカの衣料品やホームセンターの商品の裏を見ると、誇張ではなく全てが「Made In China」でした。アメリカの超一流ブランド、ブルックスブラザースの店内商品も中国製品であふれかえり、当時一着1200ドルのラルフローレンのカシミアポロシャツも中国製でした。

アメリカと敵対関係にあると言われながらも中国は現在も大量の米国債を保有し続けています。これは製造業移転の交換条件として、キッシンジャーと鄧小平あたりでこのとき取り決めたのではないでしょうか。

こうして史上最大の不正選挙の幕が開く……

２０２０年大統領選挙において、バイデンの息子ハンター・バイデンの中国企業との深い繋がりが報道されましたが、米国の多くのビジネスマンや政治家の中で中国と繋がりのない人は少数派なのです。

トランプは中国との繋がりが少ない小数派の一人だったからこそ中国に強硬な態度が取れたのですが、そういう男の存在はディープステイトにとっては大問題です。

そこでトランプの二期目阻止と、長い間の宿願だったアメリカの国体変換にとりかかる絶好の機会を作り出すために、ディープステイトは2面作戦を考え出したと思います。

第一作戦は、不正選挙です。

国民投票と獲得選挙人数の両方で勝利すれば国民は納得します。

選挙に勝利する最も確実な方法は、不正選挙です。

投票日前から、不正選挙が行われると国民に呼びかけていたトランプは、2017年に国家通商会議（現・通商製造業政策局）のトップに指名した経済学者・公共政策学者ピーター・ナヴァロに、民主党による不正選挙の調査を依頼しました。ナヴァロの報告書は、きわめて具体的な証拠や証言を多数提示していますが、日本のマスコミは無視を決め込みました。

「〝選挙不正〟徹底調査したナヴァロ報告書の説得力」と題して、産経新聞ワシントン駐在客員特派員、麗澤大学特別教授古森義久の手になるレポートをJBpressが掲載しているので、それを参考にディープステイトが行った手口をみてみましょう。（＊43）

《ナヴァロ氏は17日、記者会見を開き、「徹底した欺瞞　選挙違反の6つの局面」と題する合計36ページの調査報告書を公表した。今回の選挙の勝敗を分けたとされるアリゾナ、ジョージア、ミシガン、ネバダ、ペンシルベニア、ウィスコンシン計6州に焦点を絞り、いずれの州でも選挙運動から投票、開票、集計に至る各プロセスでバイデン氏を有利にする組織的な不正工作があったと断定した。

ナヴァロ報告書は、不正の根拠として、不正を直接見聞きした人物の宣誓供述書、公聴会や法廷など公式の場での証言、さらには不正を裏付けるような録画や録音、民間団体や研究機関の調査報告、法律家の証言などを提示した。供述書や証言はすべて実名とともに提示された。

ミシガン州などの同6州の集計はいずれも僅差であり、不正がなければトランプ大統領が各州の選挙人を獲得して最終的に勝利者となっただろう、という立場を打ち出した。

【明白な有権者詐称】

大規模な偽造票、買収、死者の投票、無資格者の投票、同一票の重複集計、非居住者の投票などが全6州で行われた。

●偽造票としては、ニューヨークから約10万人分の偽造郵便投票書類がトラックに乗せられ、ペンシルベニア州各地の違法、合法の投函所に配られた。その作業を民主党組織から依頼されて実行した運転手が証言した。

ジョージア州アトランタでは、バイデン陣営の一員が不正な投票用紙を自分の所持品から多数取り出して開票分に加える光景が、監視ビデオで撮影されていた。》

ジョージア州でのこの画像は、日本のテレビでも流れたのでご覧になった方も多いと思います。


《買収としては、ネバダ州の先住民（インディアン）居留地近くでバイデン陣営の運動員が複数の原住民に対して「バイデン候補に投票すれば100ドル相当のプレゼントをする」と語っている様子が録画されていた。

ペンシルベニア州では、すでに死亡広告が出ていた州民約8000人が同じ名前で投票していたことを、トランプ陣営が確認した。

ミシガン州では、1900年代生まれの州民多数の投票が確認された。

ネバダ州では、半年前に死んだ妻の名の投票用紙を確認した男性が名乗り出た。

ジョージア州では、すでに州外に移転した有権者約2万人の投票が発見された。

ウィスコンシン州では、民主党系の選挙管理役が同じ票を集計機械に複数回インプットする光景が目撃された。

アリゾナ州では、収集されたはずの合計7万6000の不在投票用紙が選挙管理当局に届かず、行方不明となった。

【投票の不正操作】

ネバダ州では、民主党系運動員が投票所で有権登録証のない住民たちを集め、その場で州の運転免許証を暫定発行して投票を可能にした。

ジョージア州では州当局が、郵便投票の本人署名の合致手続きを緩和し、曖昧な署名の郵便投票も有効とした。郵便投票ではバイデン支持が圧倒的に多かった。この署名確認の緩和措置により、ジョージア州の120万票ほどの郵便投票に疑問が投げかけられた。

ペンシルベニア州では、郵便投票で不可欠とされる二重の封筒のうち外側の封筒がなくても有効とされる事例が相次いだ（外部の封筒には投票者の実名や有権証明が記載される）。

ペンシルベニア州などでは、1人の「収穫人」が多数の有権者から郵便投票をほぼ自由に集めた事例が報告された。本来、郵便投票は本人が個別に郵送することが原則だが、多くの州で民主党の要求により、代理人としての「収穫人」が多数の票を集められるようになった。そのプロセスでは、中立の選挙管理当局の監視が行われなかった。

ウィスコンシン州では、郵便投票を投函できる箱が全州で約500カ所に設置されたが、その多くが民主党支持者の多い都市部に集中していた。

ペンシルベニア州では、民主党系とみられる活動家がジープで多数の郵便投票投函箱から勝手に票を取り出して持ち去る光景が録画されていた。

ウィスコンシン州では、郵便投票の消印がなかったり日付が締め切りの後でも無視して有効票とみなすよう上司から指示された郵便局員が、その不正を証言した。

【投票プロセスでの反則】

ジョージア、ペンシルベニア、ミシガンの各州では、投票や開票に立ち会う共和党系の要員たちがある時点で退場を求められる事例が相次いだ。開票所の特定の場所から出ないことを命じられた例も多かった。

ウィスコンシン州では、バイデン陣営が事前投票の拠点として「民主主義公園」という場を投票所のすぐ隣に独自に設けて、投票手続きを支援した。

ジョージア州では、約２０００人の無資格者が投票をしたという資料を共和党側が入手して提示した。しかし民主党側が強硬に反発し、州当局は修正措置をとらなかった。

ペンシルベニア州では、記入に不備があり「訂正」を必要とする欠陥票約４５００票が、一方的に破棄された。その多くがトランプ票だったとみられる。》

ナヴァロ報告書には電子投票機による不正が書かれています。

２０２０年の大統領選では、主に2種類の投票機不正が疑われています。大規模な投票機の不正確さと、不可解な票の入れ替わりや票の急増です。どちらの場合もバイデンを支持していることが多いようです。

ジョージア州では、ドミニオンの機械に多数の「不具合」が発生し、結果が変わったようです。その中で最も注目されたのは、バイデン氏の2万票の急上昇とトランプ氏の1000票の減少でした。

ミシガン州アントリム郡では投票集計の法医学的な監査が実施され、ドミニオンのシステムは68%という驚異的なエラー率を持っていることが判明しました。ドミニオンは外国の悪徳業者との関係が疑われていますが、遠隔地からのインターネットアクセスを検出できるはずの記録はアントリム郡のドミニオンシステムから消えてしまっていたのです。

バイデンは自宅で勝利を確信していた……

皆さん、民主党側の必死な様子が伝わってきませんか。

これだけのことを実行するのには大変多くの人間が関わったと思います。この人たちは不正選挙の片割れを担いでいることに後ろめたさを感じなかったのでしょうか。私はそこまでアメリカ国民の意識が低いとは思いたくありません。

おそらく買収されたに違いありません。

　コロナで職を失って生活苦にあえいでいた人は多かったはずです。そこに「コロナ対策に力を入れないトランプは落選させるべきだ。バイデンだったら改善してくれるぞ」と言う人が現れて、目の前に100ドル札を2～3枚ちらつかせたら、私だったら即つかみ取って、「手伝うから、何でも言ってくれ」と嬉々とした表情で言うと思います。

　これまで紹介した不正は現場で発覚した事実で、ナヴァロ報告書はこのほかに【開票機械の不正】【激戦6州の統計的異常】の事例を列記していました。

　電子投票機の不正は調査した全6州で行われていました。6州以外でも行われたことは想像に難くなく、それがあったことでバイデンの獲得票数がトランプよりも700万票も多い、8001万票という異常と言ってもよいほどの高い数字になったのです。（＊44）

　ちなみに、12月24日夕時点でバイデン氏が獲得した票数は8001万100０票以上、共和党のトランプ大統領の得票数は7380万票以上とされています。トランプは負けたとはいえ得票数はオバマの6900万票を超す米史上2

番目の多さです。バイデンの数字は大幅に水増しされていますが、トランプの数字は減らされていますから、実際はもっと多かったはずです。

アメリカ国民が民主党や反トランプメディアや反トランプメディアとソーシャルメディアの言うことを信じていないのは、世論調査で明らかになっています。12月7日のラスムッセン世論調査によると、共和党員の62%が「民主党が選挙を盗んだのは非常に可能性が高い」と言い、独立党員28%と民主党員17%が同じように考えています。

12月14日に獲得選挙人が確定してバイデン勝利が発表され、バイデンは「米国の魂のための闘いで民主主義が勝利した」と言いましたが、民主主義制度の根幹である選挙制度で不正を起こして民衆の意思を潰していながら、よくもヌケヌケとこんなことが言えるものだと感心します。

バイデンは、コロナ対策を理由に殆ど選挙運動らしい選挙運動を行いませんでした。デラウエアの自宅で、「勝利を確信しているから…」と言っていたのは、ディープステイトが考え出したもう一つの作戦Qアノンを知っていた余裕の言葉だったのでしょうか。

トランプ再登場とＱアノンの裏作戦！

――死を偽装していたケネディ・ジュニアが本当に現れるのか⁉

第四章

Qアノンのムーブメント

2020年11月4日の大統領選挙投票日から続いたゴタゴタ騒ぎは、毎日のようにマスコミが報じたので皆様の記憶に残っていると思うので繰り返しません。ここではマスコミが報じなかったQアノン関連の出来事を紹介します。

トランプは、選挙に不正があったとして国民投票結果を受け入れませんでしたが、それをアメリカだけではなく世界中で応援する人たちが出ました。

その理由はQアノンにあります。

Qアノン信奉者は、エリート政治家、官僚、ジャーナリスト、芸能界の権力者を中心とした、悪魔を崇拝する小児性愛者の集団がディープステイトを構成し、メディアや芸能人の援助を受けてトランプ大統領を貶めようとしている、と信じました。

小児性愛と悪魔崇拝儀式が日常的に行われていたのが、ジェフリー・エプスタイン所有の米領ヴァージン諸島の孤島で、そこで行われたことはエプスタインが全て撮影していたと言われています。

Ｑアノン信奉者たちは、この世に悪玉と善玉の戦いがあると考え、悪玉はディープステイトで、それと戦っているトランプは善玉の代表と考えました。

彼らは、「嵐 The Storm」と「大覚醒 The Great Awakening」という２つの大きな出来事を待っていました。

「嵐」は、高位の地位にある人々の大量逮捕で、エプスタイン島に行った人は勿論のこと、ディープステイト構成員全員が逮捕されることになります（ただしトランプを除いて）。バイデンはエプスタイン島に行ったことがあるので、１月20日の新大統領就任式において逮捕されると、Ｑアノンは信じました。

「大覚醒」は、すべての人が「Ｑアノンは正しかった」ということに気づくことで、この２つのことが実現すると社会はユートピアの時代を迎えることになるとされました。

こういう考えが多くの人を惹きつけたのですが、これを裏返せば、自分の生活が豊かにならないのは社会を牛耳って甘い汁を吸う悪い奴がいるからだ、と大勢の人が思っていたからと思います。

Qアノンの考えは私がこれまで書いてきたことと基本的には同じなので非常に親近感を覚えます。それを多くの一般市民に短期間で浸透させたことまではよかったと思いますが、1月6日の議会乱入という暴挙は彼らが起こしたとされて世界中に報道されました。

この一件によって沢山の人の気持ちが彼らから離れたと思います。

「寝ても覚めても、トランプ！　トランプ！」

一般的に日本人は外国の情勢に無頓着ですが、その日本でトランプ支持のプラカードを持った大勢の人がデモを行いました。

日本のマスコミはそういうデモがあったことさえ報じませんでしたが、何が彼らを動かしたのか、それを教えてくれる動画があります。幾つもあるなかで、影響力をもったと思われる動画を紹介します。

石川新一郎さんは毎回「寝ても覚めても、トランプ！トランプ！」をキャッチフレーズに燃えるようなトランプ愛を語りますが、彼が伝えるワシントンからの伝言の初期のものに日本人を惹きつけたと思われる箇所があるので、少し長いですが抜粋引用します。

▼石川新一郎YouTubeチャンネル
https://www.youtube.com/watch?v=skzwgcFJQz4

伝言を送る人たちが自分たちのことを述べた箇所があります。

「我々は、長い間人類の解放のために戦っているグループであります。あなた方がよく知っているホワイトハットやQやホワイトハウスのスタッフではありません。またアメリカ軍の所属でもありません。ＮＳＡの一部のような立場ですが、そこから外れてある組織と契約のもとに、約束の期限に人類の解放のために、それらの一部の役割を担い、必要な全てのシステムを構築しました」

ホワイトハットというのは、２０１０年頃から活躍し始めた組織のようです。ホームページ上のトレードマークにはメディアグループとあ

最後にトランプは
絶対に勝つ！
寝ても覚めても、
トランプ!トランプ!
全てがわかる！石川新一郎
詳細はこちらの本で！

りますが、詳細は分かりません。https://whitehatsreport.com/

別の箇所で、「我々はホワイトハウスの中の人間ではないが、トランプ大統領と一緒に動いている関係者」と言っています。Qではないようですが、送ってくる伝言はQアノン信奉者が信じる内容に酷似しています。

●12月15日の2度目の連絡に、トランプ2期目の方針がありました。

「全世界の人が平和と愛と光に包まれて、豊かに幸せに暮らせるようにその基礎を作ること」

トランプを応援する人たちは、彼を英雄もしくは救世主のように考えて崇めたように思います。

●17日の4度目の連絡内容は、おそらくこれがQアノン信奉者の基本的考え方ではないかと思います。全部は長いので要点だけ引用します。

「なぜトランプはアメリカや世界の仕組みを変えるために戦いを挑んでいるの

か、その理由を話します。それはケネディ大統領から始まります。彼はあることを公開しようとして暗殺されました。

それから時が経ちアメリカ憲法の基本である自由と平等の民主主義の根本が揺らいでいることに我々は気付きました。それで正式に1999年5月から21年間に及ぶ戦いに挑みました。現在の社会を裏から操っている権力者と対峙して、その矢面に立つ最後の仕上げにトランプは自ら手を上げて大統領選挙に挑み、勝利してくれました。

それにより全体主義や共産主義が今こそなりふり構わず牙を剝いています。このことが明るみに出ること、そして地球の人間の全てが、自らこの地球は何かがおかしいと気がついてくれたこと。これこそ我々が目指していたところです。これは善と悪との戦いです。

我々は生まれながら自由であり、平等であります。合衆国憲法にはその基本理念があります。自由と平等で、貧困がなく、みんなが笑顔で暮らせる社会を目指します。

今後911や311のような、自然の摂理のように仕組まれた人工的な悲惨な災害はもう起きません。闇の側の本当のトップたちは、すでに動けません。あと残っているのは実行部隊だけです。それもやがて壊滅されるでしょう。そして地上に明るい光が照らしだし、満ち溢れることを誓います。

今、何よりも大切なことは民意です。トランプは独裁者ではなく、憲法を遵守する共和党の大統領です。民意がなければ、非常事態宣言も戒厳令も国家反逆罪も行えません」

立派な考え方ですから賛同する人は多いはずです。

実際、ネットには熱狂的トランプ支持者の動画がたくさんあります。

主なものを紹介します。

その他の日本でのトランプムーブメント!

▼鳴霞さんの月刊中国　チャンネル登録者数15・3万人
https://www.youtube.com/watch?v=2Wh2-JVEH8o

恐らく中国経由の情報と思いますが、ビックリする内容が多いので見出しの一部を紹介します。

1月13日、トランプは水面下でウォール街の逮捕劇準備との情報あり。習近平・未だ消息不明。

15日、トランプ大統領・臨時政府に軍権移行か？　ハンター・バイデン自白の情報、就任式行われない公算も。

16日、トランプ大統領がABC.NBC.CBS.CNN.等をまもなく放送停止か？　放送用軍用機が待機。オバマの悪事も明るみに。

17日、ケネディJr.は生きていた？　トランプ大統領支援で夫婦でラリーにも参加？　ベンジャミン・ロスチャイルドが心臓発作で突然死。トランプ大統領ケネディ暗殺の真相も公表か？

18日、アメリカの国境周辺に中国軍25万人？　トランプ大統領が南部国境一帯に国家緊急事態宣言。

どこから仕入れるのか分かりませんが、凄いことを言っていますよね。

18日の説明を聞くと、今にもアメリカ本土に人民解放軍の足音が充満するような印象を受けます。彼女の話し方が上手なのかもしれません。

▼張陽チャンネル　登録者数22・7万人
https://www.youtube.com/watch?v=mwLx8XIH2FU&t=44s
チャンネル開設理由に「反日教育を受けた私、真相が分かったときの葛藤、今までの人生観と価値観が潰れてしまい…世界一の日本武士道精神を蘇らせましょう!」とあります。

1月10日、Qアノンの議会乱入日のことを「大芝居」と題して、流暢な日本語で語っています。

「アメリカのナショナルパブリックラジオが1月6日に1つのニュースを報道したんです。そのニュースのタイトルは、トランプさんの支持者がアメリカ議会に乱入し警察と衝突した、というものでした。このニュースの発表時間は1月6日の朝9時33分だったんです。でも実際に衝突が発生したのは午後14時前後なんですよ。ということは、このニュースの原稿を衝突発生前に作っていたことになるわけで、衝突は事前に分かっていたということになるんです」

この日の衝突については、後の項で取りあげます。

彼は「カマラ・ハリスがまだ上院議員を辞職しないのは、バイデンは大統領にならないかもしれない、と思っているからじゃないだろうか」と意見をのべています。この日の視聴数は、なんと62万６７００余りです。

▼Freeman 長谷川さんの YouTube　登録者数５・８万人

https://www.youtube.com/watch?v=jwj1MalzxB4

1月11日のタイトルは「バチカン停電とトランプ大統領の反撃開始」です。

「1月10日にバチカンで停電がおきて、ローマでは事故や銃撃戦があったという話があります。これは、ドミニオンの機械がバチカンにあるのでアメリカが何らかの行動を取った可能性もあります」と説明しています。

▼Harano times　登録者数15・５万人

https://www.youtube.com/watch?v=KcdFZm9daNM
1月14日、「闇のクマさんを応援、テキサス州の独立運動、米軍上層部の通知の裏にある戦々恐々、最近流れている情報について」と長いタイトルですが、この人は冷静に米国の現状を分析しています。視聴数30・3万人

▼及川幸久さん　登録者数44・1万人
https://www.youtube.com/watch?v=FKNxa_swXcA
1月8日、「《トランプ大統領の声明》民主党は何を恐れているのか？」

トランプは7日にビデオ声明を発表して、議会乱入者を暴徒と呼び、その罪を厳しく追及する、と述べたことを紹介しています。

民主党トップが在職日数の残り少ないトランプ弾劾を呼びかけているのはトランプに知られたくない何かがあるようで、その何かを知る連邦職員の中に内部告発の動きがあるようです。

この人は自分のサイトを「英知のチャンネル Wisdom Channel」と名付けただけあって、トランプのことを温かい目で応援するだけでなく、中国のことや

米政府のＵＦＯ関連資料公表のことなど広い範囲から題材を選んで。独自の解釈を披露しています。

１月８日の動画はお薦めです。10分過ぎから始まる話が面白いですが、珠玉は15分20秒からです。最後まで見てください。

及川さんは素晴らしい内容を知的な話し方で語っていて、視聴回数が68万４千近いことも理解できます。
(83) 2021.01.08【大統領選継続中】《トランプ大統領の声明》民主党は何を恐れているのか？【及川幸久 -BREAKING-】 - YouTube

▼ＢＢニュース　登録者数不詳
ＢＢニュース『時事．政治．国際問題』 - YouTube
彼は、名前を出していません。１月18日付けで読み上げている情報は、ワシントンから出てホワイトハットに行き、そこから15日にベンジャミン・フルフォードに行って、彼が日本語訳したものがＢＢニュースに来たようです。
タイトルは、ワシントンからのメッセージ！　臨時の軍事政権現職継続へ

『米軍が仕掛けた驚くべき罠』ジョン・F・ケネディ・Jrの登場はいつ！　です。


以上の6人の皆さん、大筋は似たり寄ったりのことを話しています。

この他に日本のトランプファンの大きな支えになったのが大紀元時報です。ここはニューヨークに拠点を置くエポック・メディア・グループが日本語で発行するオンラインニュースです。エポック・メディアを設立したのは、中国で徹底的な弾圧を受ける法輪功の関係者です。徹底的な反中国共産党を旗印にして、反中国政策を推進していたトランプを熱烈に応援していました。

1回に送られてくる項目は複数で、殆ど写真付きです。

その中から少し紹介します。

12月2日、日本45大学、中国国防七大学と交流協定　先端技術流出の恐れ。

12月3日、中国企業、ドミニオン親会社に418億円以上出資　選挙1カ月前に＝米メディア。

12月4日、ジョージア州集計所の監視カメラ　選挙監視員を帰宅させ開票続

行　スーツケースから大量の隠し票。

12月5日、ミシガン州、選挙不正告発者に脅迫相次ぐ　民主党議員からも。

12月8日、中国製の偽投票用紙が米国に大量流入　選挙介入狙う　元高官子弟が証拠動画を公開。

12月12日、中国が世界で大規模なハニートラップ、米元情報当局者「米だけで数千人」

12月14日、米郵便公社の告発者「ＦＢＩが家族まで嫌がらせ」

12月16日、ドミニオン調査レポート「重要記録が削除された」「エラー率68％」

12月23日、ジュリアーニ氏「激戦州の高官は投票機調査を拒否」、アリゾナ州上院が提訴。

1月4日、「ドミニオンのサーバーは所在不明」米実業家が発言。

同日、「ジョージア州で3万以上のトランプ票が削除され、1万以上の票がバイデン氏に移った」データ分析家が公聴会で証言。

1月5日、フェイスブック、ジョージア州共和党候補ページを閉鎖　１７０

万人の反バイデンのページも閉鎖。

1月6日、中国国有企業元トップに死刑判決　収賄総額285億円「物件100軒、愛人100人」

1月11日、ユーチューブは大紀元時報に1週間の動画投稿禁止措置。

大紀元時報が送るニュースは自分たちの情報源を通じて得たものだけのようで、真偽不明のフェイクニュースの類いはありません。中国国内に情報網を持っているようで、中国関係のニュースは早く、その内容はおおむね詳細です。

ホワイトハットと石川さんに情報を送っている人たちは、多分同じグループではないかと思います。ホワイトハットからの情報を紹介するBBニュースは1月6・7日の2日間はワシントンからの情報はなくて個人的に調査した結果を発表し、5日分は見つかりませんので休みだったのではないでしょうか。石川さんの方は、5日から7日までの3日間はお休みでした。

石川新一郎さんとワシントンからのメッセージ！

石川さんの動画に戻ります。

ワシントンの連中は、「現在の社会を裏から操っている権力者」すなわちディープステイトと戦おうという意思を最初から持ってトランプは立候補した、と言っています。

●18日、

この回の内容は具体的です。

「２０１８年、第43代大統領ブッシュ・シニアの国葬に列席した、クリントン、ブッシュ・ジュニア、オバマたちに、トランプ大統領はある手紙を渡しました。それを見た彼らは顔色を変え、まるで自分たちの葬儀のようになり、帰路についたときは血の気がなくなっていたそうです。なぜなら、その手紙には自分たちが立場を利用して行ったことが書かれていて、ある拘置所への招待状でありました。ジョージ・ソロスはすでに軍の監視下にいます。来週から約1カ月間、めまぐるしく起きることに一喜一憂せず、ネガティブにならないで明るく、平和と愛と光に包まれる自分でいてください。今後、本当の地球の歴史を公開する準備ができてきました。隠され造られた歴史でなく真実を公表することが大切です」

我々が知る歴史は、勝者が自分たちの行いを正当化するために歪曲したものなのは、本書を読もうという知識欲旺盛な皆様ならばよくご承知と思います。

産業革命以降の歴史はその典型的な例で、闇の世界金融が闇に隠した事実を探し出したら無限に出てきます。

「我々の戦いは1999年5月から正式に始まっています。その年の7月にはケネディ・ジュニアが飛行機事故で亡くなっています。来年の早い時期にトランプ大統領から話されることになっています。もう一つは、今後起きることがスムーズに稼働するためにトランプ大統領は2019年7月23日にH.R.54

04という法案にサインしました。この法案は、ケネディがやろうとしたことと繋がります」

H．R．5404は共和党下院議員アレックス・ムーニー（Alex Mooney）が2018年3月22日に議会に提出した法案です。これは金＝GOLDの重量と米ドルをリンクさせる、というもので、可決されたら米国は金本位制に戻ることになります。

通常、法案は議会で可決後大統領が署名して発効になります。H．R．5404は2021年1月20日時点では議会で可決されていません。金本位制になったら連銀は好き勝手にドルを印刷できなくなります。まして、フォートノックスにあるはずの米国の金塊はないと言われていますから、可決されるはずはありません。

●19日、視聴数14万9千。

ワシントンから伝言を送る人たちはコメントの質問に答えています。

「我々の正式な活動は1999年5月からで、この時点ではまだトランプは大統領ではありませんでした。

大統領選挙については、残り1カ月ですが、必ず彼は大統領として残ります。ケネディは11110法案を同様に用意しましたが、潰されました。

それぞれの国家元首について話します。プーチンは良い友達になりました。ドイツのメルケル、フランスのマクロン、そしてイギリスのジョンソンは向こう側ですが、片足はこちら側に入れています。

次に来年の1月から数カ月の間に、大きな出来事が3回起きます。そして世界中の皆様が合衆国憲法のもとで平和と平等のもとに、民主主義の中で、安全に暮らせることを誓います。

次に日本の役割はどうなるのかとの質問がありました。

来年から日本はあることの世界の中心となります。言い方を変えれば、あることの世界の入り口となるでしょう。その準備もすでにできています。

ナヴァロ大統領補佐官のレポートが出ました。不正選挙に関してしっかりと書き込まれており、これで十分に戒厳令を出せる、とのことです」

ケネディの11110法案というのは、1963年6月4日、米国政府保有の銀を裏付けにした兌換紙幣発行を財務省に命じたものです。

●20日、視聴数10万。

「何度も言いますが、トランプは必ず再選されます。我々は泥の中に潜むワニが全部出てくるのをじっくり待っています。彼らはドンドン正体を現し始め、待ちきれず罠にはまっている状態なのです。どちらにせよ、近いうちに自ら崩壊するのを目の当たりにするでしょう」

ワシントンからの伝言はこういう調子で同じ内容のメッセージが続きます。彼らの大まかな考え方は出たので、これからは彼らが知らせてきた、米国内とワシントンで起きた出来事に焦点をあてます。

続々と発表される驚愕情報

●22日　視聴数11万3千。
「来年の1月6日には大勢のアメリカ国民がワシントンに集い、素晴らしい1日になるでしょう。それからときを置かずして、素晴らしい発表があります」
●25日　視聴数10万3千。
「中国共産党は民主主義国家にとって最大の敵です。中国共産国家は、少し時間がかかりますが、自ら破滅に向かっています。巨大な国家がいくつもの国々に分かれるのを見る日も近いでしょう」

「トランプ大統領は何度も暗殺未遂にあっています。それを企てる連中は、国内や国外の元首暗殺を何度も画策し、今回もその危険の中にあります」

●26日　視聴数11万５千。
「今後、自然由来の地震は起きますが、東京や大阪での直下型地震は起きませんので安心してください。東北大震災や神戸淡路大震災のような大きなものは、我々が生きているうちには起きません」

「組織的犯罪で、毎年多くの子供たちが行方不明になっていました。世界的な組織による、先進国での子供たちの誘拐はもう起きません。アメリカには有名なエプスタイン島がありますが、ＦＢＩが捜査したところ多くの子供たちの骨が出てきました。悪魔崇拝の儀式で犠牲になった子供たちを思うと、いたたまれなくなります。ＦＢＩは未だ全容を公表していません。そこにはオバマやクリントン、現役の連邦最高裁判事など、今回の選挙で反トランプ側の陣営についた多くの政府高官がそこで過ごしていた実績が証拠としてあがっています。さらに今は販売禁止になりましたが、多くの人々が子供たちから抽出した、ある効果のある薬を呑んでいました」

「ディープステイトのトップはオバマやクリントンではありません。彼らは単なる表の顔となって動いている愚か者の一人にすぎません。それは、中国共産党の表のトップたちも同様であります。この人たちの裏には、ヨーロッパの何百年も続く一族たち、そしてこれらの人たちを操っていたイタリアの2つの一族、そして英国やフランス、スイスを舞台にむさぼるように世界を我が物にしてきた人たち、そして第二次大戦以降に地下に潜って操作した人たち、彼らはもう存在しません。今は皆様が知っている顔が地上に残って断末魔のように踊っているだけです」

「イギリスはEUから離脱しました。これは将来にとって重要な一つです。今に理解されると思いますが、これも我々の計画の一つでした」

●27日　視聴数8万6千。

「沢山の司法取引で多くの情報がしっかりと入っております。ある機関の長官であった人物が話して、選挙戦のときに違法行為をして捕らえられた人は数限りありません」

●29日　視聴数7万7千。

「ディープステイトのイタリアの2つのファミリーの一つ、ファルネーゼ家はイエズス会を創設し、そこの修道士アダム・ヴァイスハウプトがイルミナティを作り、ロスチャイルド家に繋がっていきます。もう一つのオルシーニ家は3人のローマ教皇を輩出し、ある種族と非常に強い繋がりがあり、この種族とローマカトリック教会との条約を作った一族です。オルシーニ家は２０１０年5月の我々の作戦で力を失い、もうディープステイトの中枢ではなくなりました。２０１９年4月よりディープステイト上層部は大量に逮捕されてグアンタナモ基地に護送されています。２０１９年5月には、ヨーロッパのディープステイト中枢のある一族がアメリカ国家との契約で吸い取っていた資金を、トランプ大統領は破棄させて大きな中枢との戦いは終わりました。ディープステイトとの戦いは昨年で終わっています。残党で、家臣、軍団であったオバマ、クリントン、ジョージ・ソロス、中国共産党に買収されている国家公務員たち、民主主義国家をないがしろにして魂を売り渡して不正を働いている民主党員たちと一部の共和党員たちは、今はトランプ大統領に牙をむいています。しかしトランプは来年の1月20日には必ず再び大統領に就任します」

イエズス会を認可し、教会改革を目指してトリエント公会議を召集したことで知られる第220代ローマ教皇パウル3世の本名は、アレッサンドロ・ファルネーゼです。

オルシーニ家は、10世紀頃からローマで勢力を持ち始め、12世紀のケレスティヌス3世、13世紀のニコラウス3世、18世紀のベネディクトゥス13世の、3人のローマ教皇を出しています。この一族と非常に強い繋がりがあったとされる種族の名前は不明です。

●2021年1月1日　17回目　視聴数12万8千。

「習近平の手術は事実で、状況はあまり良くないようです。今年こそ、ケネディ・ジュニアの現況をトランプ大統領が発表するでしょう。近い日に、そしてキャロラインは喜びの笑顔をもって迎えます」

「12月29日、米議会が中国政府のウイグル族に対する人権侵害をジェノサイドと設定するにあたり、ウイグル族が強制収容された根拠の情報は、日本政府がアメリカとイギリスに提供しました。これは、日本政府がアメリカと中国に対する二股外交を止めたと捉えてよいと、米国は判断しました」

「1月6日に、100名以上の共和党上院議員が不正選挙であると立ち上がろうとしています。しかし上院共和党院内総務ミッチ・マコーネルは6日に立ち上がれないようなことを画策しています。いまだにバイデン側の副大統領候補カマラ・ハリスは上院議員を辞めていない異常な状態です」

「2020年10月1日、トランプ大統領は、未だ公表されていませんが、アメリカ連邦共和国を正式に宣言しています。欧州のある王家がアメリカ国民から搾取していた契約を、トランプ大統領は破棄し、アメリカを完全に独立させたのです。1月6日、アメリカ市民は世界の人々のために立ち上がり、100万人以上の人がワシントンに集うことになるでしょう」

この日は随分多くのことを言いましたが、気になるのが2つあります。キャロラインが喜びの笑顔で迎えるというのは、ケネディ・ジュニアは生きているということになります。

1月6日のワシントンでの大集会のことを述べています。

●1月2日　視聴数12万3千。

「ケネディ・ジュニアは事故にあったことになっていますが、その前に残した言葉があります。2020年に戻ってきます。なぜ2020年なのか。ニコラ・テスラの技術で論理的に考えれば、それらの質問はすべて解決します。ニコラ・テスラの技術は、トランプの叔父に全て引き継がれているといわれています」

ケネディ・ジュニアとトランプの関係について、Ｑアノンに広く行き渡ったストーリーがあります。後ほど紹介しますが、事実は小説より奇なり、を地で行く話です。

●１月３日　視聴数12万１千。

「エプスタインは司法取引して存命しています。彼は多くのことを証言できます。フェイスブックのザッカーバーグは、２０１８年９月の大統領令に則して認定を受ければ、会社と個人の財産は国が没収します。彼は毎日一生懸命自社株を売って現金にして資産隠しにいそしんでいますが、隠しても使えない日が来るのも近いでしょう。ザッカーバーグの奥様は北京出身で、彼も北京語を話します」

エプスタインは生きているとしていますが、皆さんはどう思いますか。

ケネディ・ジュニアの死についてはハッキリしないことが多く、遺体が死後解剖されたという報道もないので生きている可能性は否定できませんが、エプスタインの場合は死体があり、死後解剖されているのです。自殺説を採ったNY市検死官は買収されていると思いますが、弁護士が雇った病理学者は死体を検証して細かい観察結果を書いていますから、死体が存在するのは確実です。したがって生きている可能性は否定できるので、これはフェイクニュースです。

こんな明白なフェイクニュースを堂々と伝える人たちですから、これ以後他の事柄も眉に唾をつけて見ていくことにします。

ザッカーバーグが、毎日一生懸命自社株を売って現金にして資産隠しにいそしんでいる、とありますが、本当ですかね。

「ジョージ・ソロスより資金提供されていたANTIFA（アンティファ）とBLMは、民主党政権内の州で、警察が介入できないほど過激化しています」

アンティファは“anti-fascist”の略称で「ファシストに反対する勢力」です。

BLMはブラック・ライヴズ・マター（Black Lives Matter）の略で、アフリカ系アメリカ人のコミュニティに端を発した、黒人に対する暴力や構造的な人種差別の撤廃を訴える、国際的な積極行動主義の運動です。

この2つの勢力の過激化はジョージ・ソロスの資金援助によるもので、それを民主党の知事が容認しているようなニュアンスですが、そうなのですかね。

「アメリカは大変な状況ですが、全てが変化し生まれ変わるためには、悪を出さねばなりません。それには国民である皆様の、このままではいけない、という変化に対する意思が必要です。今はアメリカ国民や世界の自由主義陣営の人民にとって最も重要なターニングポイントとなっているようです。全ての変化は大いなる意思によってうまれます。昨日のメッセージの中で、ある再評価とはＲＶです。グローバルなリセットとは、ＧＣＲのことです」

ＲＶ（Revaluation of Values）は通貨評価替え、ＧＣＲ（Global Currency Reset）は世界通貨改革です。

闇の世界金融が牛耳っている金融制度を変えようというニュアンスです。私は大賛成ですぐ実行してほしいですが…、こんな夢みたいなことを考えるだけでも感心します。

●1月4日　11万7千。

この日は、動画に寄せられたコメント紹介から始まりました。

「我々は凄い時代に生まれたと実感します。今まで911や311の真相、ロスチャイルド、FRB、ローマカトリックの悪行など、陰謀論の内容を直感で真実だと思っていた。それが暴かれ、殲滅され、愛と希望と平和の世界が来ることを確信します。ついにグローバル金融リセットが来るのですね。そして金本位の通貨体制になり、今のようなマフィア体制の銀行システムが、量子コンピューター式の金融システムになります。早く、そうなって欲しいです」

恐らくこのコメントは、石川さんのフォロワー12万人の平均した考えではないかと思います。

「これまで我々がお伝えしてきたことは、次の2つに要約されます。一つ目は、今まで隠されていたことの重要な機密解除が行われます。それはトランプ大統領が二期目に入って数日以内に解除され、発表されます。二つ目に、GCRとRVが金融システム上構築された中で、新たな金融システムが実施されます。それらは秘密解除後に、ある宣言の下、実行に移されます。それに伴いアメリカからスタートし、共産主義国と全体主義国を除いた殆どの国々で次々に実施されるでしょう。この2つの事柄の後に、我々人類にさらなるプレゼントがもたらされることもお伝えしておきます。これらのことはトランプ大統領の旗の下に実行されます」

石川さんの動画が1月5日から1月7日まではお休みだったのは、ワシントン時間の4日から6日まで伝言が来なかったからと思います。ホワイトハットと繋がっているグループもこの3日間情報を流していません。

トランプと一緒に行動しているなら6日は忙しかったでしょうが、4日と5日の2日間は何していたのでしょうね。何かの準備？

演出された暴動の謎を解く

米国議会への乱入事件

この出来事の流れをウィキペディア日本版から引用します。(＊45)

《1月6日の朝、抗議デモ参加者はホワイトハウス近くのエリプス広場にてドナルド・トランプ・ジュニアとルドルフ・ジュリアーニ出席のもと「Save America(アメリカを救え)」という集会を開いた。その集会でトランプ大統領は午後12時から演説を開始。「選挙の勝利は極左の民主党の連中によって盗まれ、さらにフェイクニュースのメディアによっても盗まれた」と述べ、「この後、議事堂へ歩いて向かおう。俺もいっしょに行く」「強さを見せるんだ。あなたたちは強くならなければならない。なぜなら弱さでは私たちの国を取り戻すことはできないからだ」「我々は戦う。ともかく死ぬ気で戦う(We fight like hell)。もし死ぬ気で戦わなければ国はもはやない」と支持者を鼓舞した。ジュリアーニも支持者に「決闘裁判」に参加せよと声を上げて求め、トランプ・ジュニアもジュリアーニと同じような口調で、バイデン陣営との「総力戦」を主張した。

トランプの呼び掛けにより抗議集会に参加していた少なくとも数千人のトランプ支持者が連邦議会へ向けて行進を開始した。》

群衆が議事堂に入ってからの状況を、ヤフーが掲載した在米日本人ジャーナリストの原稿から引用します。（＊46）

議事堂襲撃事件を調査しているＦＢＩ（米連邦捜査局）が1月14日に、議事堂に乱入して逮捕された、ロバート・バウアーと従兄弟のエドワード・ヘメンウェイの2人の男性に関する訴状を提出しました。

《集会で、トランプ氏が集会参加者たちに「ペンシルベニア通りを歩いて議事堂に行こう」と呼び掛けたことから、彼らは参加者たちとともに議事堂まで歩いた。議事堂の外には6人〜8人の特別機動隊が立っており、参加者たちは彼らに向かって物を投げた。

バウアー氏は、議事堂の外側を、右手に黒いランプがあるドアのところまで歩き、そのドアから議事堂内に入った。立ち入り禁止の看板がなかったことから、悪いことをしているという認識はなかったという。

議事堂内に入ると彼らは警官と遭遇した。

バウアー氏によると、ある警官が彼の手をつかみ、握手してこう言ったという。「今や（議事堂は）君たちのものだ」

バウアー氏は、その警官は恐怖感からそんな言動に出たのではないかと思うと話している。

ヘメンウェイ氏も、警官が握手したと話している。ヘメンウェイ氏が「ごめん」と言うと、その警官は「おい、今や君たちのものだ」といい、彼を片腕でハグしたという。

まるで、暴徒たちを議事堂に招き入れるかのような一言だ。

なぜ、その警官は2人の男性にそんな発言をしたのか？

彼らは議事堂に乱入した理由についても話している。

バウアー氏は「議事堂を占拠するためだ。警官を襲うつもりも彼らと闘うつもりもなかった。乱入時、議会が開かれていることも知らなかった。人々は小児性愛者、ニュース、ロックダウン中に仕事をなくしたことなどについて怒っていた」と説明している。
議事堂襲撃事件については様々な謎が指摘されている。特に、ＦＢＩが調査しているのは暴徒たちがどうやって議事堂内に侵入したかだ。

計画された襲撃？

ＦＢＩのジェームズ・コミー元長官は、ＣＮＮの取材に対し、議事堂乱入事件について「少なくとも陰謀があったことに間違いはない。計画された襲撃である」と主張している。
また、ＣＮＮは「ＦＢＩ側は、襲撃は単なる抗議行動が発展したものではなく、計画されていたものだと考えている」と報じている。ＦＢＩの調査によると、集会参加者の中には議事堂襲撃に使用する道具を取りに行くために、トランプ氏の集会から早く出て行った者がいるというのだ。》
もう1つ、乱入事件から3日後、JBpressが小見出しに「あまりにも無防備だった連邦議会議事堂の謎」とつけた、ニューヨーク大学MBA、ボストン大学犯罪学修士の肩書きを持つ酒井吉廣氏との対話記事の要点を抜粋紹介します。

この対話を読むと、酒井氏の犯罪学修士の肩書きが伊達ではないことがよく分かります。議事堂乱入事件を公平な目で冷静に観察し、事件の背景とこれからの議会の動きを鋭く評価した手法には、読み終わってから感嘆せずにはいられませんでした。長いですが、最後まで読んでいただければ、謎の多い議会乱入事件の全容がつかめると思います。

《**記者**：議会は厳重に警備されているはずですが、なぜトランプ支持者は議事堂の中に侵入できたのですか。

酒井：誰が6日の乱入を煽ったのか、つまりホワイトハウスのデモ隊を誰が議事堂に先導したのか、疑問を感じるところです。トランプ演説を聞いていた人たちは、演説後はただ歩いていただけです。一方、議事堂の周囲には警戒態勢が敷かれておらず、警官が本気で動き始めたように感じたのは議事堂の2階に上る人が増えてからです。

そもそも、議事堂前のバリケードをよけた人の中に警官がいましたし、議事堂のドアに行く前の階段のところでデモ隊を止めるべきでしたが、そのときは逃げていました。窓を割る映像も出ていますが、ほとんどの人はそこからは入っていません。中からドアを開ける人がいたのでしょう。

記者：警備員が開けたのですか。

酒井：分かりません。ただ、内部の人が開けなければ、ドアを壊さずには入れませんし、ドアには鍵がかかっているので（外からも中からも鍵で開ける錠）デモ隊が窓から侵入していたとしても、開けられません。

　とにかく、警官は議事堂の外では、デモ隊に対してほとんど警戒していなかったように感じます。むしろ、道を開けたままデモ隊が議事堂に近づくのも、進入するのも、放置したというのが現実ではないでしょうか。

記者：不思議な感じですね。

酒井：今回の暴動を改めて見ると、議事堂に侵入した数は限られており、しかも、その中には明らかに雰囲気が違う若者たちがいて、顔を隠しながら挑発的な行動をしていました。７日朝のメディア報道に出てくるのは、顔を隠さずに、警備員と対峙しているだけの人たちです。議事堂への侵入とデモという二つの動きには違いがあったとの印象を受けます。

記者：どういう警備状態だったのですか。

酒井：例えば、デモ隊の一人がドアにはしごをぶつけている（それでもドアは開かない）のですが、そのときに消火器のようなものを顔にかけていました。なぜ、直ちにやらなかったのでしょうか。また、議事堂の中を歩いてみればわかりますが（普通は一般公開しているので誰でも入れる）、議事堂は守りやすい作りになっており、警備員がスペースを空けない限り、議場への進入もできません。どういう警備だったかは分かりませんが、本当に何があったのか……。

記者：なぜ警官は武器を持たない女性を撃ったのですか。

酒井：これも不思議なのは、警官だと説明されていますが、議員と思われる人も銃を相手に向けているシーンがありました。とすると、議員は議会に出席するのに銃を所持していたことになります。変ですよね。

女性に対する銃撃についても、押し合いへし合いという場面がどの映像を見てもないので、そもそも撃つ必要があったかどうか、疑問です。また、侵入者の中に催涙ガスを所持する人間がいたと報じられていますが、（私も受けたことがありますが）催涙ガスも人命にかかわるほどの大した武器ではありません。
いずれにしても、威嚇射撃ですみましたね。ただ、撃たれた人の名前やそのときの行動状況など、詳細な報道がなされていません。

記者：仮に誰かが仕組んだとすると、何が理由だと思いますか。

酒井：米国は、大量破壊兵器があると批判してイラクを攻撃し、フセイン大統領を死刑にした国です。あのときも、フセイン大統領の方が正々堂々としていたとの声がありました。米国には、目的主義に走り過ぎるきらいがあります。

記者：どういう意味ですか。

酒井：６日の議会乱入事件で最も不自然なのは、乱入事件を理由に共和党議員の中にバイデン支持に回ったと述べる議員が出てきたことです。それとこれとは違うでしょう。国家の将来を決する議事で正当化できる意見ではありません。
また、米国の議員は、世界中の敵国に対して、一般人まで殺すような戦争を平気で可決するのに、自分たちは、武器さえ持たない同じ国民の声を聴かずに逃げてしまいました。バカみたいな話ではないでしょうか。副大統領でも、下院議長でも、他の誰でも「俺が彼らと話す」と言えば、それで収まった話です。

記者：下両院合同会議の話に戻しますが、選挙結果の確定を巡っては、共和党の議員から異議申し立てが立て続けに上がっていました。トランプ陣営は一貫して選挙に不正があったと再集計と投票の無効を訴えてきましたが、なぜこれだけの議員が反対しているのでしょうか。

酒井：ドミニオン・ボーディング・システムズの提供したシステムに、外部とのアクセスが可能なことはすでに証明されています。一度投票した結果を後から上書きできることも。それをやったという証言者も出ています。今も続いている訴訟案件はありますが、トランプ陣営の訴えは裁判所で棄却されています。ただ、これらすべてがフェイクという話もあり得るわけですから、安易には評価できませんが、こういう状態は不満を高めます。

　選挙不正は従来から起きていましたが、これまではあまり重要視されていなかったという面があります。動きが遅いですね。

記者：ドミニオンのシステムがハッキングされたという話は？

酒井：ハッキングされたかどうかは確定的ではないですが、ロシアが選挙に関する何かをハッキングをしたというのは司法省も認めています。一方、ハッカーの中で、ドミニオンのシステムにハッキングできたという人が名乗り出ました。大手メディアには報道されていませんが、ハッキングが可能なシステムだったのは事実です。

記者：選挙の集計機をハッキングして選挙そのものを不正操作するという話はにわかには信じられないのですが…。

酒井：バックドアの話を含め、通常のハッキングと選挙集計機のハッキングに難易度の差はないでしょう。逆を言えば、選挙集計機だけがハッキングされない堅牢なものだということの方が不自然です。

記者：１月５日にジョージア州の決選投票が行われ、結果は民主党が上院の２議席を獲得しました。この結果をどう見ますか？

酒井：ドミニオンのシステムが不正を許すものならば、共和党議員が二人とも負けたのは当然です。繰り返しますが、トランプ大統領の気持ちとは別に、「選挙」という観点では、今回もなぜか不思議なほどの僅差で民主党が勝ちました。

個人的には、民主党が勝つならかなりの差をつけると思っていました。それほど民主党側の勢いは強かった。一方、このシステムは僅差で民主党が勝つようになるプログラムでしょうからどちらの投票も修正してしまうと、サイバーの専門家は言っています。だからこそ、疑わしいと感じるのです。

記者：今回の暴動の後、トランプ大統領は円滑な政権移行を認めました。

酒井：実質的な敗北宣言ですね。DCに集まった人たちの気持ちをどう落ち着かせるのか。これが問題です。メディアのインタビューに答えた人の中に、「選挙結果に怒っているのではなく、不正を主張する相手を無視することが民主主義ではない」という人がいました。また、「平和裏に歩いている自分たちを暴徒だというのは変じゃないか」という人もいました。こういう人々を今後どうするのかが問題です。

記者：トランプ政権の閣僚が辞任表明を出していますが。

酒井：憲法25条には罷免ではなく、大統領の職務停止を決められることが書かれています。でも、それに加わりたいと思う政権の人間はいないでしょう。だから、辞任表明しているのだと思います。ペロシ下院議長ほかの民主党員も、弾劾をしたいのであれば、閣僚の勇気を待つなんて言っていないで早く行動すべきでしょう。

いずれにせよ、不思議なデモと議事堂進入事件でした。》

Ｑアノンはディープステイトの回し者だった⁉

日本のマスコミの多くは議会乱入によって５人の死者が出た原因をトランプ支持者が悪者として報道していましたが、現地では違う見方がされています。

ヤフーニュースの在米日本人ジャーナリストによると「ＦＢＩ側は、襲撃は単なる抗議行動が発展したものではなく、計画されていたものだ」と考えているようです。犯罪学修士の酒井氏は「議事堂に侵入した数は限られており、しかも、その中には明らかに雰囲気が違う若者たちがいて、顔を隠しながら挑発的な行動をしていた」と述べています。

しかも事件は午後２時頃に起きたというのに、ナショナルパブリックラジオが６日の朝９時33分に「トランプ支持者が議会に乱入し警察と衝突した」と報道したのですから、前もって計画されていたのは疑いようがありません。

計画したのはトランプ支持者を悪者にしたい勢力に違いありません。考えられるのはディープステイトしかありません。

２０１７年10月28日に初めて４ｃｈａｎにＱが登場してからＱアノンと呼ばれる信奉者が生まれ、短い間にフォロワーの数が数百万という大勢力になりました。Ｑアノンがトランプを応援し、選挙が不正に盗まれたことを知る彼らは、胸を張って愛国者だと宣言し、選挙後トランプと共に行動しました。これほど大きな社会現象を作り出した張本人のＱが正体を隠したままなのは、何か裏があると思いませんか。

Ｑのお陰で多くの一般市民がディープステイトの存在に気付きましたから偉大な功績を残したと言っても過言ではないですが、一方で、いわゆる愛国者と呼ばれる人たちのネットワークを表に出してしまいました。Ｑアノン信奉者はネットで連絡しあいましたから、米国国家安全保障局（ＮＳＡ）はその情報を全てつかんだことは確実です。

特に、６日に議事堂周辺に集結した数千人は顔写真まで撮ったと思います。この人たちこそ、新世界秩序ギャングたちが米国の民主憲法を破棄しようとしたときに立ち上がる面々なのです。Ｑが姿を隠したままやったことは、その危険な人間たちを表に出したことなのです。

民主党の不正を憎んでワシントンに集まった愛国者たちは、最後には世界中から暴徒扱いされて、おそらく現在はＱアノンを名乗ることもできなくなっていると思います。また、トランプの主張に賛同し始めた共和党議員たちも、これを契機にトランプ離れをせざるを得なくなったのです。そういうことを考えると、私にはＱはディープステイトの回し者だったとしか思えません。

顔を隠して議会に乱入したのはＱに連なる連中、もしかしたら石川さんやホワイトハットに情報を流していたグループではないでしょうか。

9・11に暗躍したジュリアーニも怪しい⁉

回し者について言えば、もう一人います。

元々共和党のこの人は、９１１同時多発テロ後のＷＴＣ跡地の隠蔽に終始した片付け作業に非常に重要な役割を果たしていますから、ディープステイト構成員の一人です。もう分かった方もいると思いますが、元NY市長ルドルフ・ジュリアーニです。彼は２０１６年選挙戦でトランプを支援し、7月の共和党全国大会の初日に一番重要な時間帯の演説をしました。２０１８年4月、トランプの顧問弁護士チームに加入しました。

6日の集会で彼は「決闘裁判をするのだ」と声を上げて民衆を煽りました。1月13日に可決した下院での2度目の弾劾決議案に怒ったトランプは、ジュリアーニへの弁護士費用の支払いを止めるよう周囲に命じました。他にも弁護士はいるはずですが、ジュリアーニだけに怒りが向けられたようです。なにかトランプの気に障るようなことを口にしたんですかね。

数あるメディアの中で唯一トランプ寄りの姿勢を見せていたのがフォックスニュースですが、ここは２０００年のブッシュとゴアの勝敗を分けたフロリダの戦いで、ブッシュの従兄弟を選挙報道責任者にして最初にブッシュ勝利を叫ばせた局です。今回はトランプの味方を装って仲間のように行動して、油断させて情報を取ろうとしたのではないでしょうか。フォックスの親会社ニューズコーポレーションの所有者ルパート・マドックはディープステイトの一員と私は思っています。

逮捕されるのはあぶり出された愛国者Ｑアノンたちの方だ⁉

本書を購入していただいた方の中には、Ｊアノンとまで言われる日本のトランプ応援騒ぎに加わっていた人もいると思います。私の親友もその一人で、目を覚ましているときはとても生き生きしてパソコン直結の50インチテレビの前に陣取り、トランプに声援を送り続けていました。

彼は、「1月20日に「嵐」が起きてバイデン就任式は行われず、代わりに世界中で米軍によるディープステイト一網打尽の逮捕劇が起きて、クリントンもヒラリーもオバマも全員がＱアノン兵士に逮捕されて軍事法廷で裁かれる」と私に言い、「これで真実が明るみに出るから陰謀ノンフィクションの本は売れなくなるぞ」と真顔で警告してくれました。

しかし私は「これはディープステイトの罠だから、反対にＱアノン兵士たちが一斉に逮捕されるぞ」と反論して賭けをしました。賭けたのは、二人で一緒に行く習い事の後の、一杯のうどんです。

就任式が無事バイデンの宣誓で終わったのを見て友人はがっかりしていましたが、私はホッとしました。もしホワイトハウスの近くに一般のQアノン信者が姿を見せたら、一斉に逮捕されかねなかったからです。

友人は翌日には「この世には正義はないのか。悪行を重ねた奴が良い思いをして、何の罰も受けないなんて、絶対許せない」と元気に息巻いていました。

賭けの方は、結局何も起きなかったので成立しませんでした。

私はこのあと友人に訊ねました。

「Qアノンの人たちはトランプ再選のために動いていたんだよね。選挙権のない日本人にワシントンからセッセと伝言を送った目的は何なの?」

しばらく考えてから、友人は口を開きました。

「目的は分からんが、よい結果で終わったじゃないか」

私は意味が分からず、おそらく顔をしかめたと思います。

彼はすぐに口を開きました。

「だって考えてみなよ。そのお陰で多くの日本人がアメリカの腐敗した現実に気付いたぜ。菊川征司の本がもっと売れるぞ」

彼は新しいことを聞くたびに時間を構わず深夜でもラインしてきました。それを悪いと思っていて私が喜びそうなことを口にしただけです。

皆さんは、何が目的だったと思いますか。

ところで米国の筋金入りの愛国者が、現在のアメリカで起きていることが不安だと友人から言われて、意気消沈した大勢の同胞を鼓舞するためと思いますが、1月7日に44分34秒の長さの動画をユーチューブに投稿しました。

その動画で彼は、Ｑの正体と目的そしてディープステイトの悪行とそれに連なる人間たちを実名で挙げて、２０２０年大統領選以後に起きたゴタゴタ騒ぎの真相を解説しました。投稿者はレボリューションラジオ、ティッピングポイント（転換点、毎週月曜日午後8時~10時）のホスト、スコット・マッケイ（Scott Mckay）という人です。彼は腐敗したワシントン浄化のために長年政界進出を目指していたようですが、２０１４年にバイク事故で瀕死の重傷を負ったことで断念して、ラジオから国民に呼びかけることにしたようです。彼はホワイトハットハット運動の一員と自称し、勿論トランプ支持者です。

この動画は彼の16年間の政界研究から得た考えを述べたものですが、非常に筋が通っていて説得力に満ちた内容です。おそらくそこに感心した日本人がいたのでしょう。彼の早いしゃべりを少しスローにして、字幕をつけて1月20日にユーチューブにアップしました。(＊48)

スコットはQを、私の推測とは大きく違いますが、ディープステイトを壊滅しようとする一部の米軍情報部員の計画と言い切って、それに関係する10人ほどの人間が政権中枢に入り込み、実際の活動を開始したのが２０１７年10月28日で、Qの名前で４ｃｈａｎに情報を落としたのだそうです。正体を現さないのは、人々に疑問を持たせて自分で様々なことを調べてほしいからのようです。トランプ政権は、事実上軍によって樹立された政権と位置づけ、その理由とそこに至る過程を分かりやすく解説しています。54分もの長い動画ですが、最後まで視聴する価値は十分あると思います。

ケネディ・ジュニアとQ(NSA愛国者)

次に紹介する文章は、人里離れた奥地でアクアポニックスという自然農法に挑戦していると自己紹介する、ポニョと名乗る人が２０１８年19月12日にブログに上げたものです。トランプ支持者なら勿論のこと、まったく関係ない人にもぜひ読んで欲しいと強く思ったので、重要部分を抜粋して紹介します。ブログには鮮明な写真が多数掲載されています。訪問されることを強くお薦めします。（＊49）

Qアノン情報　復活したケネディの反撃

《ケネディ・ジュニアの知らぬところで、大きな歴史の車が回り始めていたのでした。それは、国家安全保障局（ＮＳＡ）の中の、最高機密にもアクセスできるＱというグループが、彼にコンタクトして来たのでした。

そのＱグループの人はケネディ・ジュニアに「君がお父さんの後を継いで、お父さんのような立派な政治家になるのです。私たちが君を大統領になるまで面倒見ます。そしてお父さんを暗殺し、アメリカを乗っ取っている者どもを退治するのです」と言ったのです。

しかし、ケネディ・ジュニアは、自分の父や叔父が、次々と暗殺されるのを幼少の頃から見て来たので、心底では政治の世界に入るかどうかを決めかねていたのですが、それを真の友人にしか話していませんでした。

その友人とは年が一回り少し上で、家の近くに住むトランプでした。彼とは自分の経営している会社の関係で、早くからお互いに知り合っていたのです。また、トランプの叔父があの有名なテスラとも知り合いで、ケネディとフリーエネルギーについても熱く語り合っていたのです。そのトランプもアメリカをとても愛し、そしてアメリカの将来について大変心配していました。トランプは仕事の付き合いでも酒には一切口を付けず、常に困った人を見つけると手を差し伸ばしていた慈善家でもありました。》

慈善家トランプというイメージは私には想像つかなかったのですが、実例を紹介してくれています。

《ある日、自分が乗っていたリムジンが故障したので、路側帯に止め、ボンネットを開けて運転手と一緒に途方に暮れていたら、見知らぬ車が止まって修理してくれました。トランプはその男に礼金を支払おうとしたのですが、男は受け取るのを拒否してそのまま去ってしまったのです。トランプはその男の車のナンバープレートから、その男の住所を割り出し、その男が貧しい地区に住んでおり、家のローンの支払いにも困っているのを知って、その男の家の残っている全てのローンを支払ったのでした。

また、初めて行ったレストランの料理がとても美味しかったときは、シェフに直接、他の人に気づかれないように、百ドル紙幣を手につかませました。

トランプの会社の事務所に、そういうトランプに世話になった人たちからのお礼の手紙がよく送り届けられて来ました。そういう話は、トランプの秘書から聞き出さないと、世間には知らされないままだったのです。》

こういうのを陰徳を積むというのでしょうが、これが真実ならトランプは非常に高いレベルの魂の持ち主です。私ごときが彼の行いを理解できるはずがありません。

《トランプとケネディ・ジュニアは最初会ったときから意気投合し、二人でよくニューヨークを拠点にしているプロ野球チームであるヤンキースやメッツ、また、バスケットボールチームのニックスのゲームの観戦に出かけました。
二人でアメリカの将来について話し合ったことも、一度や二度ではありませんでした。ケネディ・ジュニアは、トランプが話し上手で、とても大きな心を持っているのに気づき、「君は将来、この国の大統領になるべきだ」と進言しました。》

本文には二人の写真が掲載され、仲の良い様子を見せています。

《NSAは、軍によって管理、運営されていて年間の予算は一兆円を軽く超えると言われているのです。三万人の職員の中にはアメリカの愛国者たちがたくさんいて、電子機器ではなく、主にスパイを訓練して外国の政府の転覆や支配などに暗躍しているCIAの活動を快く思っていなかったので、CIAが求めて来た情報を小出しにしたり、与えなかったりしたので、二つの組織の間にはお互いの職員を殺しあうほどの大きな確執があるのです。

　そのＱグループは、ベトナム戦争はＣＩＡがでっち上げたトンキン湾事件から始まったということを、ＣＩＡ内部のコミュニケーションを盗聴することにより知っていました。そして、ベトナム戦争でベトナム人兵士だけではなく、自分たちの若いアメリカ軍兵士たちも、意味のない戦争に駆り出されて犬死にして行くのを愛国者将軍たちは見ていられませんでした。

　また、愛国者将軍たちはＣＩＡがアメリカの利益のために働いているのではなく、もっと大きなアメリカを乗っ取ろうとしている組織の支配下にあると気づいたのです。と言うのも、ベトナムで戦死した兵士たちの死体袋の中に、死体と一緒に大量のマリファナが隠し入れているのを見つけたからです。この大量にアメリカに出回ったマリファナが、アメリカの若い人たちの精神や健康を害し、社会にもヒッピー現象が起こり、性の解放、ウーマンリブ運動などとも結びついて、古き良きアメリカ慣習が消え去り、社会がどんどん悪い方へ落ちて行くのを見たのです。

そのことに危機感を募らせたＮＳＡの愛国者たちは、その自分たちが持っている豊富な情報を元にして、秘密裏にアメリカを売国奴から取り戻す壮大なプランをＱグループの中で作り上げたのでした。》

本文には「ＪＦＫジュニアはトランプ大統領選出馬を20年前に述べていた」という、２０１６年12月３日付けのＮＹポストの見出しの写真を載せています。

《そのためにプランＢが発動しました。プランＢは、ケネディの息子が大統領になって支配層と戦うことでした。しかし、それを察知した支配層は、先ず、ケネディが立候補するであろうニューヨークの選挙区にヒラリーを送り込んでから、ＣＩＡの中の暗殺専門部隊を使ってケネディ・ジュニアの暗殺を謀ったのです。その暗殺を実行する前に、ＮＳＡの盗聴システムによって事前にＱグループにその計画は筒抜けだったのです。

Ｑグループは、二度とＪＦＫのような暗殺は許さないとの決意のもと、ケネディ・ジュニアの代わりにプロのパイロットを派遣し、高度５千フィートで飛行機の燃料タンクのスイッチをオフにして飛行機を失速させ、パイロットは飛行機が失速する前に脱出してパラシュートで着水し、海上で待機していた仲間の船で生還したのでした。発見された機体の燃料タンクのスイッチは、もちろんオフのままでした。ケネディ・ジュニアたちは時が来るまで死んだことにして、暫くの間、姿を隠すことにしました。》

Ｑとケネディ家の驚きの繋がりが、ベルの写真入りで書かれています。

《Ｑが投稿記事の後に、よくWWG1WGAと書いていますね。これはWe will go one, We go allの略で、日本語に訳せば「皆で一つになって一緒に歩んでいこう」という意味です。

ＪＦＫが保有していた自家用ヨットに取り付けてあった、大きなカネというかベルがあるのですが、そこにはケネディ家の家訓がベルの表面に刻んであるのです。そのベルに刻んである家訓は、We will go one We go allなのです。》

様々なエピソードを省略して大筋だけ紹介しましたが、このあと、ケネディ・ジュニア夫妻が可愛がっていた犬のことや、彼と妻と義姉が現在も生きていることが書かれ、演説するトランプの後ろのイスに座って微笑んでいる二人の写真まで掲載されています。

ちなみにこの写真の彼は私がネットで最初に見たものとは全く異なり、奥様ともども生き生きとした表情を見せています。無精ひげがあって実に優しそうですが、若いときの貴公子のような面影はまったくなく、気さくな叔父さんという雰囲気です。現在彼はビンセント ファスカという名を使っているとあります。

このブログには私の知らなかったトランプの姿が生き生きと描かれています。これもQからの情報を元にして作られたと思うのでその信憑性は半々と私は思いますが、ぜひあなたの目で判断してください。

考えてみれば、私が知るトランプ像はマスコミの報道から私が作り上げたものですから、マスコミの偏見が入っています。ここに紹介されたトランプのエピソードが真実としたら、私は彼の評価を180度転換する必要があります。

最後に、現在のトランプを形作ったといわれているＮＹの教会の牧師、ノーマン・ビンセント・ピール（Norman Vincent Peale）の言葉を紹介します。

「目の前の現実がどんなものであっても、それほど重要ではない。もっと重要なのは、その現実に対する私たちの考え方（Attitude）だ。なぜなら、その考え方がポジティブなら、現実が変わるからだ。」

Attitudeは、（物事に対する）考え方や態度、気持ちの持ち方です。トランプは若いときからこの教えを実践して大統領の地位まで上ったようです。今でもこの教えを守っているでしょうから、現在おそらく陥っていると思われる四面楚歌の状況から抜け出して、元気な姿を見せてくれるのを見守りたいと思います。

あとがき

２０２０年は世界中の国々にとって激動の年でしたが、２０２１年の日本はそれに劣らず大変な年になりそうです。

英国で最初に発見されたコロナの変異株もしくは変異ウイルスが日本でも見つかったと12月25日に報道されました。従来の新型コロナより感染力は強く、死亡率は高いようです。これがまた、第一波から始まって第三波あたりまでいくとしたら、オリンピックはどうなるのでしょうね。日本政府には頭の痛い問題になりそうですが、菅さん、すでに大分お疲れの様子ですが、大丈夫ですかね。

新型コロナですが、先進国で最初のワクチン承認を行ったのが英国で、去年の12月2日のことでした。コロナ変異株もしくは変異ウイルスが世界最初に見つかったのも英国で、12日後の14日のことでした。単なる偶然には思えないのですが、考え過ぎですかね。

でも皆さん、1月9日のNHKニュースウエブで「ファイザー〝変異したコロナウイルスにもワクチンが効果〟」と題した記事が出たのをご存じですか。報道の本文に「実験では、……中略……「スパイクタンパク質」と呼ばれる部分の一部がイギリスや南アフリカのものと同じように変異したウイルスを人工的に作り、使いました。」とあったのです。NHKは、製薬会社の技術でウイルスを人工的に作ることができることを、それとなく教えてくれました。この先どこでどんな病原菌が出現しても不思議ではありませんよ。

ところで去年の12月初めに、新型コロナの感染がアメリカでもヨーロッパでも2019年12月に起きていたと発表されました。（＊50）

特にアメリカは、カリフォルニア州、オレゴン州、ワシントン州、マサチューセッツ州、ウィスコンシン州、アイオワ州、ミシガン州、コネチカット州など複数の州をまたぎ、特定の地域だけでなく広い範囲で2019年12月から2020年1月中旬までの間に新型コロナが広がっていたとのことです。

ということは、中国は2019年12月には素知らぬ顔で欧米に新型コロナを撒き散らしていたことになります。なぜ欧米の医者が発見できなかったのか疑問が残りますが、そのときの死者は肺炎で処理されたものと思います。

武漢での未知の肺炎発生をネットで流した歯医者さんを当局が慌てて連行して口止めしたのは、撒き散らしの事実を外国に知られたくなかったからでしょうね。中国の医者はサーズの経験があるので未知の肺炎に気付いたと思います。自分たちの足下に火がついたので中国政府は発表せざるを得なかったのではないかと思います。

ともかく現在世界中の国々が、税収の減少と国民救済のための支出増大に直面しています。そろそろ破産する国家が出てくるのではないかと思いますが、日本は日銀に黒田さんがいる限り大丈夫と思います。

彼だったら日銀の完全国有化に反対しないでしょう。そうすれば国債の返済義務はなくなります。ただし、ロスチャイルドの仕返しに備える必要がありますが……。

2020年大統領選挙から新大統領の就任式までの出来事とその結末に、心底怒りを覚えた人は日本にも大勢いると思います。その人たちはこれ以後マスコミの報道には一歩引いて接するようになると思います。現実に目覚めたわけですから、とても良いことです。

今年は変異したコロナに気をつけるのは勿論ですが、ワクチン接種にも十分の注意を払ってください。アレルギーを持つ人に副作用（コロナの場合は副反応というようです）が出る率が高いようです。

最後まで目を通していただいてありがとうございます。

このたびヒカルランド社の石井健資社長が送ってくださった色々な情報が非常に役立ちました。ここにその御礼を申し上げるしだいです。ありがとうございます。

令和三年　冬　　　　　　　　菊川征司

参考サイト一覧

（＊1）ワシントン・ポスト　(11/12/2000)
「ミスによる悲喜劇はヴォルシア郡の再集計の混乱を煽っている」
Tragicomedy of Errors Fuels Volusia Recount - The Washington Post

（＊2）Scoop Independent News　(10/24/2003)
「Diebold Memos Disclose Florida 2000 E-Voting Fraud」
(Diebold のメモ、フロリダ州の２０００年の電子投票の不正を開示)
https://www.scoop.co.nz/stories/HL0310/S00211.htm

（＊3）ジョンズホプキンス大学情報セキュリティ研究所　(2/27/2004)
「電子投票システムの分析」
vote.pdf (avirubin.com)

（＊4）プリンストン大学情報技術政策センター　(9/13/2006)

アキュボート（AccuVote）はディボールド投票機の商品名です。

「ディボールド社製投票機「ACCUVOTE-TS」のセキュリティ解析：要旨」

Security Analysis of the Diebold AccuVote-TS Voting Machine:Executive Summary - Center for Information Technology Policy (princeton.edu)

（＊5）メリーランド州が行ったリスク調査報告書の保存版　(9/02/2003)
Archived version of State of Maryland's Risk Assessment Report regarding Diebold AccuVote-TS Voting System and Processes

（＊6）カリフォルニア州の検証報告書　(2/04/2006)

「Security Analysis of the Diebold AccuBasic Interpreter」

(Diebold AccuBasic　インタープリタのセキュリティ分析)

Wayback Machine (archive.org)

（＊7）ハッキング民主主義　ウィキペディア英語版
Hacking Democracy - Wikipedia
　英語ですが、このサイトに入って３１０円払うと82分の映画が48時間レンタルできます。
VimeoHacking Democracy をオンラインで鑑賞— Vimeo オンデマンド

（＊8）ハフポストの記事　(09/20/2019)

「Donald Trump's Old Tweets About The 'Deep State' Are Coming Back To Haunt Him」

（ドナルド・トランプ氏のディープステートについての古いツイートが彼を悩ませるようになってきた）

Donald Trump's Old Tweets About The 'Deep State' Are Coming Back To Haunt Him — HuffPost

（＊9）ビジネスインサイダー　(1/24/2020)

「What the American 'deep state' actually is, and why Trump gets it wrong?」

（アメリカの「ディープステート」とは何か、そしてなぜトランプ氏はそれを間違

えるのか?・)

https://www.businessinsider.com/what-deep-state-is-and-why-trump-gets-it-wrong-2020-1

(＊10) インディア・タイムズ・ドットコム　(2/24/2020)

「米国大統領ドナルド・トランプは、かつて〝ダージ・マハール〟を所有していたが、それを破産に追いやった」

US President Donald Trump Once Owned A 'Taj Mahal' & Here's What Happened To It (indiatimes.com)

インディア・タイムズ・ドットコムは、インド最大のメディアコングロマリット、タイムズグループデジタル部門です。

(＊11) CBC-Radio Canada　(10/23/2017)

「Donald Trump welcomes release of JFK assassination documents」

(ドナルド・トランプ氏、ＪＦＫ暗殺文書の公開を歓迎)

Donald Trump welcomes release of JFK assassination documents - YouTube

（＊12）朝日新聞　(5/18/2020)
「トランプ氏の国務省監察官解任、違法の可能性も＝ペロシ下院議長」
トランプ氏の国務省監察官解任、違法の可能性も＝ペロシ下院議長―ロイターニュース―国際：朝日新聞デジタル　(asahi.com)

（＊13）ビジネスインサイダー　(10/09/2019)
「ドナルド・トランプが何年もかけて流した24の奇想天外な陰謀論」
24 conspiracy theories Donald Trump has floated over the years - Business Insider

（＊14）カナダの国際的雑誌ヴァイス　(7/10/2014)
「イスラム国はピカピカの新品の武器をイラク軍から盗んだ」
https://www.vice.com/en/article/qbew4m/isis-stole-some-shiny-new-weapons-from-the-iraqi-army-989

（＊15）アル・アラビーヤ　(7/19/2014)
「イスラム国はシリアの35％を支配」
https://english.alarabiya.net/News/middle-east/2014/07/19/270-Syrian-fighters-

killed-in-biggest-ISIS-operation-

（＊16）ウィキペディア
「チメロサール」
https://ja.wikipedia.org/wiki/%E3%83%81%E3%83%A1%E3%83%AD%E3%82%B
5%E3%83%BC%E3%83%AB

（＊17）CBSニュース　(9/30/2001)
「ビン・ラディン一家が逃亡」
Bin Laden Family Evacuated - CBS News

（＊18）ビジネスインサイダー　(2/22/2016)
「TRUMP: I'm not sure if Marco Rubio is eligible to be president」
（トランプ：マルコ・ルビオが大統領になる資格があるかどうかわからない）
Donald Trump questions Marco Rubio's eligibility - Business Insider

（＊19）日本語ウィキペディア

「陰謀論の一覧」

https://ja.wikipedia.org/wiki/%E9%99%B0%E8%AC%80%E8%AB%96%E3%81%AE%E4%B8%80%E8%A6%A7

日本語版と英語版では取りあげている陰謀論に大きな違いがあります。
新世界秩序（New World Order）は両方にあります。

（＊20）英語ウィキペディア

「List of conspiracy theories」

（陰謀論リスト）

https://en.wikipedia.org/wiki/List_of_conspiracy_theories

（＊21）エルサレム・ポスト

「America the target」

（アメリカがターゲット）

https://www.jpost.com/opinion/america-the-target-602181

（＊22）ウィキペディア
「ＰＥＮＴＴＢＯＭ」
https://en.wikipedia.org/wiki/PENTTBOM

（＊23）トランプ委員会
「TrumpCommission.Org」
（トランプ委員会 Org）
http://aneta.org/trumpcommission_org/

（＊24）Tomflocco.com
「Who killed John-John?　http://tomflocco.com/ by Tom Flocco」
（誰がジョンジョンを殺したのか　http://tomflocco.com/ by トム・フロッコ）
(1) Pinterest
出てきた画面の右側中央に日本語で「もっと見る」とあります。
それをクリックすると、細かい英語でかかれた文章がでてきます。
この英語を部分的に日本語で訳したサイトがあります。
★阿修羅♪

JFケネディ・ジュニアはクリントン元大統領夫婦とブッシュ親子による謀略により暗殺されたという証言が公表される（www.asyura2.com）

（＊25） henrymakow.com
「On the Elimination of Natural Leaders: JFK Jr.」
（生来の指導者の排除について JFK Jr.）
On the Elimination of Natural Leaders: JFK Jr. - henrymakow.com

（＊26） Daily dot（7/23/2020）

「Who is Q, the Internet's Most Mysterious Poster?」

「Qアノン、ネット最大の謎の投稿者は誰？」

https://www.dailydot.com/debug/who-is-q-anon/

（＊27） What really happened.
「THE CLINTON BODY-COUNT — WHAT REALLY HAPPENED」
（クリントン夫婦の遺体数―本当のところはどうなっているのか」
http://www.whatreallyhappened.com/RANCHO/POLITICS/BODIES.php

（＊28） Salom.com　(4/18/2019)
「QAnon is the conspiracy theory that won't die: Here's what they believe, and why they're wrong」
（QAnon は死なない陰謀論：彼らが何を信じているのか、なぜ彼らが間違っているのか）
QAnon is the conspiracy theory that won't die: Here's what they believe, and why they're wrong — Salon.com

（＊29） ハリス世論調査　(3/24/2010)
「Wingnuts and President Obama」
（正気じゃない奴とオバマ大統領）
"Wingnuts" and President Obama (theharrispoll.com)

（＊30） NYデイリーニュース
「Obama birth certificate: A timeline of the birther conspiracy against the President」

（オバマ出生証明書：大統領の出生証明書陰謀論の年表）
Obama birth certificate: A timeline of the birther conspiracy against the President
- New York Daily News (nydailynews.com)

（＊31）econpCONSULTANT
「Analysis of Obama Birth Certfificate.PDF」
（オバマ出生証明書の分析 .PDF）
Microsoft Word - Obama PDF report - final.docx (ecompconsultants.com)

（＊32）ホワイトハウス　(4/27/2011)
「The White House, Remarks by the President 4/27/2011」
（ホワイトハウス、大統領の発言　２０１１年４月27日）
Remarks by the President — whitehouse.gov (archives.gov)

（＊33）ユーチューブ　(4/27/2011)
「Obama Birth Certificate - Explanation + reproduction of so-called “Tampering”. (Layers, PDF)」

（オバマ出生証明書─いわゆる「改ざん」の解説＋再現）
(64) Obama Birth Certificate - Explanation + reproduction of so-called "Tampering".
(Layers, PDF) - YouTube

（＊34） ホワイトハウス　(5/02/2011)
「White House, Osama Bin Laden Dead」
（ホワイトハウス、オサマ・ビン・ラディン死亡）
Osama Bin Laden Dead — whitehouse.gov (archives.gov)

（＊35） NYタイムズ　(5/04/2011)
「Obama Approval Up After Bin Laden Killing」
（ビンラディン殺害後のオバマ支持率アップ）
Obama Approval Up After Bin Laden Killing - New York Times/CBS Poll - The New York Times (nytimes.com)

（＊36） ロイタージャパン　ボストン発　(5/16/2011)
「米富豪トランプ氏、２０１２年大統領選不出馬を表明」

https://jp.reuters.com/article/idJPJAPAN-21141120110517

（＊37）ヤフーニュース　(3/6/2013)
「Donald Trump to address CPAC」
「CPAC（保守合同会議）で講演するトランプ」
Donald Trump to address CPAC (yahoo.com)

（＊38）フォックスニュース　(11/16/2016)
「7 biggest revelations from WikiLeaks release of Podesta emails」
（ウィキリークスがポデスタの電子メールを公開したことで明らかになった7つの最大の暴露）
7 biggest revelations from WikiLeaks release of Podesta emails — Fox News

（＊39）ビジネスインサイダー　(11/12/2016)
「Here's what Trump means when he says 'drain the swamp' — even though it's not an accurate metaphor」
（正しい比喩ではないが、トランプの〝沼地の水を抜く〟の意味はこれだ）

What President-elect Donald Trump means when he says 'drain the swamp' - Business Insider

（＊40） ウィキペディア
「The Grace Commission」
（グレース委員会）
The Grace Commission - Wikipedia

（＊41） ポリティコ　(12/13/2016)
「Trump tells Wisconsin: Victory was a surprise.」
（トランプはウイスコンシン州で語る：勝利は驚きだった）
Trump tells Wisconsin: Victory was a surprise - POLITICOBack ButtonSearch IconFilter Icon

（＊42） ニューズウィーク日本版　(5/16/2019)
「ファーウェイ排除」大統領令を繰り出したトランプの狙い
https://www.newsweekjapan.jp/stories/world/2019/05/post-12135.php

（＊**43**）JBpress（12/23/2020）
「選挙不正」徹底調査したナヴァロ報告書の説得力
https://jbpress.ismedia.jp/articles/-/63388

（＊**44**）ＣＮＮ（12/25/2020）
「バイデン氏、８０００万票獲得した初の候補者に　米大統領選」
https://www.cnn.co.jp/usa/35162900.html

（＊**45**）ウィキペディア日本版
「２０２１年合衆国議会議事堂の襲撃」
https://ja.wikipedia.org/wiki/2021%E5%B9%B4%E5%90%88%E8%A1%86%E5%9B%BD%E8%AD%B0%E4%BC%9A%E8%AD%B0%E4%BA%8B%E5%A0%82%E3%81%AE%E8%A5%B2%E6%92%83

（＊**46**）ヤフーニュース（1/18/2021）
「米議会乱入者が断言「〝今や（議事堂は）君たちのものだ〟と警官が言った」　F

ＢＩ訴状　議事堂襲撃の謎」
https://news.yahoo.co.jp/byline/iizukamakiko/20210118-00218064/

（＊47） JBpress　(1/23/2021)

「米議会乱入事件、議事堂のドアを開けたのは誰だ?」

https://jbpress.ismedia.jp/articles/-/63575

（＊48） ユーチューブ
「鈴木先生が〝真実だから視ろ!〟と言った動画」
(101) 鈴木先生が〝真実だから視ろ!〟と言った動画 … - YouTube

（＊49） ブログ記事、サイババが帰って来るよ
Ｑアノン情報　10／12　復活したケネディの反撃
Ｑアノン情報　10／12　復活したケネディの反撃―サイババが帰って来るよ(goo.ne.jp)

（＊50）ヤフーニュース （12/6/2020）

世界最初の症例から間もなく1年 本当は新型コロナはいつから世界に広がっていたのか（忽那賢志）―個人― Yahoo!ニュース

ヒカルランド　好評既刊！

地上の星☆ヒカルランド　銀河より届く愛と叡智の宅配便

ウイルスは［ばら撒き］の歴史
コロナも同じ！　ワクチンビジネスの超裏側
著者：菊川征司　推薦：船瀬俊介
四六ソフト　本体 2,000円+税

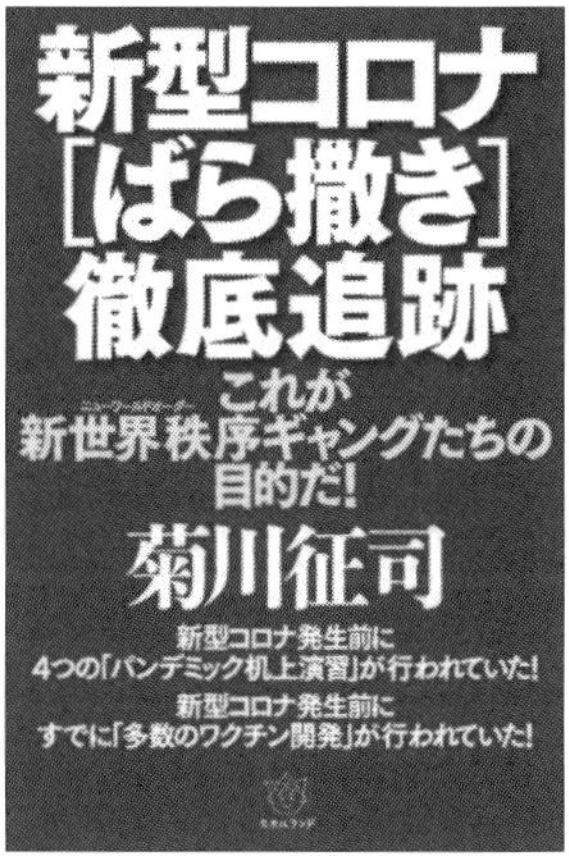

新型コロナ［ばら撒き］徹底追跡
これが新世界秩序（ニューワールドオーダー）ギャングたちの目的だ！
著者：菊川征司
四六ソフト　本体 1,800円+税

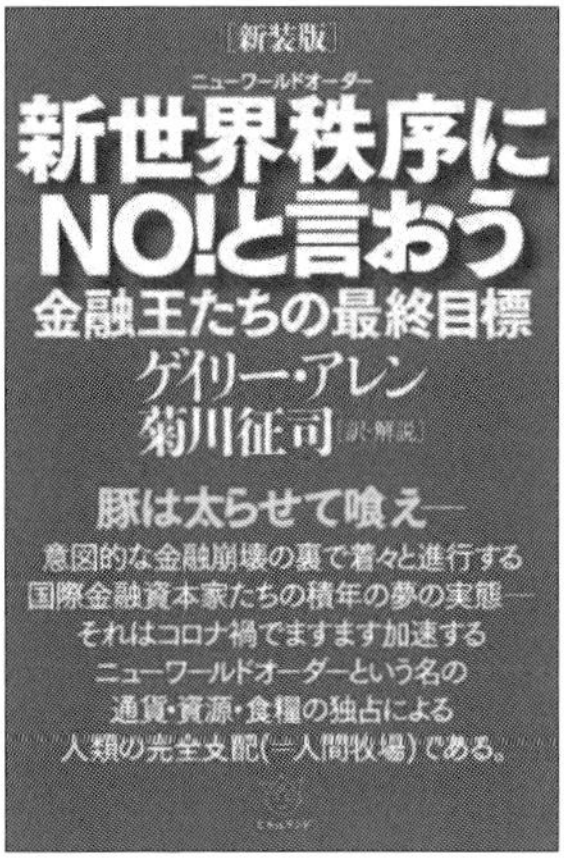

［新装版］新世界秩序（ニューワールドオーダー）にNO！と言おう
著者：ゲイリー・アレン
訳者・解説：菊川征司
四六ソフト　本体 3,000円+税

［新装版］世界恐慌という仕組みを操るロックフェラー
著者：菊川征司
四六ソフト　本体 2,500円+税

菊川征司　きくかわ せいじ
富山県生まれ。観光旅行のつもりで立ち寄ったアメリカの自由な雰囲気に魅了され、以来在米生活30年余。９・11同時多発テロ以降、重苦しい空気へと変化したアメリカ社会の根源をさぐり調査を開始。かつて世界から羨望された豊かな国アメリカの衰退は、国際金融資本家たちの私企業たる連邦準備制度（FRB）設立に端を発することを知る。アメリカ国民に警鐘を鳴らしていた本物の政治家たちの遺志を継ぎ、執筆を開始。アメリカでの経営者として活躍した経験を踏まえた現実的な分析に定評がある。2010年に帰国。『闇の世界金融の超不都合な真実』（徳間書店）。『ロスチャイルドが世界政府の〝ビッグブラザー〞になる』（徳間書店）、『［９・11テロ完全解析］10年目の「超」真実』（ヒカルランド）、『闇の世界金融の日本改造計画』『異説で解き明かす近現代世界史』（イースト・プレス）などがある。

トランプとQアノンとディープステイト

第一刷　2021年3月31日

著者　菊川征司

発行人　石井健資

発行所　株式会社ヒカルランド
〒162-0821　東京都新宿区津久戸町3-11　TH1ビル6F
電話　03-6265-0852　ファックス　03-6265-0853
http://www.hikaruland.co.jp　info@hikaruland.co.jp

振替　00180-8-496587

本文・カバー・製本　中央精版印刷株式会社

DTP　株式会社キャップス

編集担当　TakeCO

ISBN978-4-86471-989-6

◎半永久的に使える！　豊富なラインナップをご用意

人工電磁波はもちろん、地磁気、ネガティブな物質やエネルギー、他人からの念や憑依等の霊的影響まで、様々なネガティブ波動から守るツールとして、今日ではCMC が充填された数多くの製品が登場しています。設置型の「CMC スタビライザー」、ハイブリッド車に対応した「CMC ハイブリッド」、アクセサリータイプの「CMC ペンダント」、携帯用として進化した「CMC ロッド」、電気機器そのものにアプローチする「CMC エレメント」、ゼロ磁場水をつくる「CMC セラミックビーズ」と、用途に応じて自分に合ったものを選べます。CMC グッズはメンテナンス一切不要で一生涯使えるのも◎。

ネガティブな波動をポジティブな波動へ——。日常生活の中で高まる波動リスクを回避し、心身健やかで安心できる毎日を送るために、生体と親和する CMC の螺旋パワーをお役立てください。

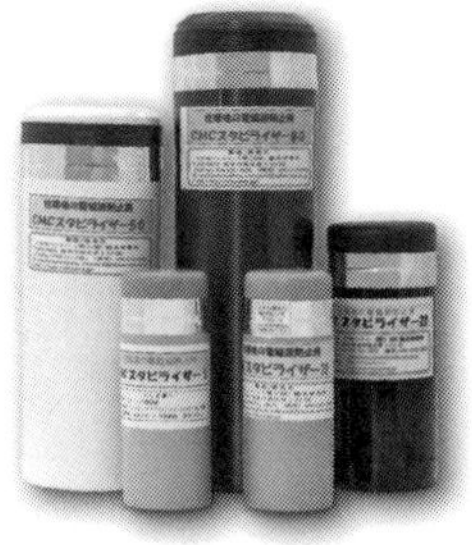

自宅・オフィスのネガティブ波動から防御

CMCスタビライザー

■ No.5　(白、赤、空)　各 55,000円 (税込)
■ No.10 (ベージュ)　99,000円 (税込)
■ No.20 (白、赤、黒)　各165,000円 (税込)
■ No.50 (白、赤、黒)　各385,000円 (税込)
■ No.80 (白、赤、黒)　各572,000円 (税込)

今や家もオフィスもたくさんの電化製品や配線にあふれているのが当たり前。こうした状況から、一件まるごと電磁波防御をしてくれる設置型タイプが「CMC スタビライザー」です。建物のサイズや CMC 充填量を参考に 5 種類の中からお選びいただけます。
●容器：SUS 製円筒容器　●使用例：①パソコン、コピー機、無線 LAN などのある家屋・オフィス、②モーター、電子機器のある工場、③近くに高圧送電線、携帯電話用アンテナ、柱上・路上トランス、太陽光発電所・風力発電所等のある家屋・オフィス、④地磁気の低い土地にある家屋・ビル、⑤静電気ストレスがあるビル・オフィス、⑥ LED 照明を使用している家屋・オフィスなど　●有効期限：半永久的
※内部に充填した CMC 粉末が飛び散る恐れがあるので、フタは絶対に開けないでください。

CMC スタビライザー比較表

種類	色	サイズ	重量	CMC 充填量	有効範囲
No. 5	白・赤・空	底直径4.5×高さ12cm（赤のみ底直径5.5×高さ14.5cm）	約80g（赤のみ約140g）	5 g	半径約50m
No. 10	ベージュ	底直径4.5×高さ12cm	約85g	10g	半径約75m
No. 20	白・赤・黒	底直径5.5×高さ14～14.5cm	約180g	20g	半径約100m
No. 50	白・赤・黒	底直径7.5×20cm	約350g	50g	半径約200m
No. 80	白・赤・黒	底直径7.5×25cm	約440g	80g	半径約300m

＊ご案内の価格、その他情報は発行日時点のものとなります。

遺伝子と同じ螺旋《らせん》構造のスーパーコイル「ＣＭＣ《カーボンマイクロコイル》」が5G電磁波、ウイルス、ネガティブ物質から防御する切り札に!

◎避けられないネガティブ波動からいかに防衛していくか

21世紀も早20年。特に近年の通信分野の発展には目覚ましいものがあり、2020年には５Ｇ（第５世代移動通信システム）がスタート。スマホなどによる利便性はさらに高まるでしょう。一方で、便利さとは引き換えにマイクロ波を用いた５Ｇによる人工電磁波が、知らずのうちに人体にストレスを与え、自律神経を乱し、免疫を低下させる要因になることが懸念されています。

このまま５Ｇの強烈な電磁波を人類が浴び続けていくと、電磁波ストレスが人々の免疫を著しく低下させ、ウイルスのパンデミックをたびたび引き起こしてしまう可能性が示唆されています。さらに、農薬などによる化学物質や地磁気の乱れによる影響も深刻化しています。こうしたネガティブ波動に左右されず、いかに自衛して健康を維持していくか、一人ひとりに求められてきています。その対策に有効な、未来への希望につながる技術は日本から生まれています。世界随一の技術CMC（カーボンマイクロコイル）をご紹介しましょう。

◎万物創造の螺旋パワーを内包したコイルがゼロ磁場を形成

元島栖二《もとじませいじ》氏

岐阜大学名誉教授・工学博士の元島栖二氏は、アセチレンを高温熱分解し二重螺旋状の特殊な炭素繊維を発見、CMCと名付けました。螺旋は人体に備わる遺伝子（DNA）の構造そのものであり、不思議なことにCMCは、まるで命を与えられたかのように、人間の鼓動（脈拍）と同じリズムで回転（約60回転／分）しながら、生命と共鳴し合って成長していきます。

そんなCMCに宇宙線や人工電磁波が照射されると、ファラデーの法則により誘導電流が流れ、右巻き・左巻き双方のコイルに反対方向の磁場が発生し、それらが互いに干渉し合うことでゼロ磁場が発生。人工電磁波の波動をマイルドな波長へと変調させ、イヤシロチの場へと調整してくれるのです。

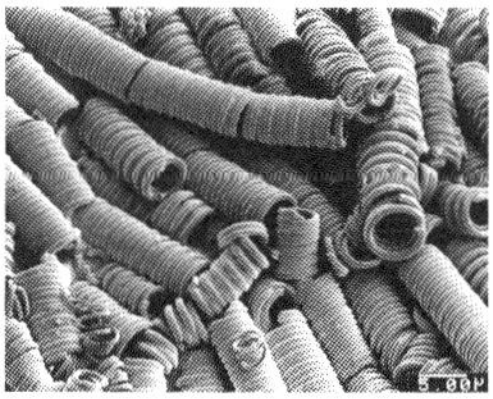

右巻きと左巻きコイルが1：1の割合で混合

ゼロ磁場が形成され、人工電磁波の影響や生体波動の乱れが調整されてくると、自律神経のバランスが整い、脳の波長はリラックスを示すα波優位の状態へと変化していきます。また、食品や水、大気汚染によって体に蓄積された水銀などの重金属もデトックス。免疫を高め、ウイルスにも負けない健康な身体づくりをサポートしていきます。さらに、染色体の末端に存在し、健康と長寿のバロメータとも称されるDNAの塊・テロメアと強く共振し合う性質を持つことも、研究結果から明らかになっています。

コンパクトながら
CMC 増量充填の携帯タイプ

CMCロッド

■ 33,000円（税込）

カバンはもちろん、財布やポケットにも入れられるサイズながら、「CMC ペンダント」と比較して2.5倍の CMC 充填量を実現。ネガティブエネルギーに敏感な方、特に健康やウイルス感染の防止に気をつけている方にオススメです。

●カラー：ブルー　●サイズ：直径1.4×縦10㎝
●重量：約14ｇ　●母材：アルミニウム　● CMC充填量：2.5ｇ　●有効期限：半永久的

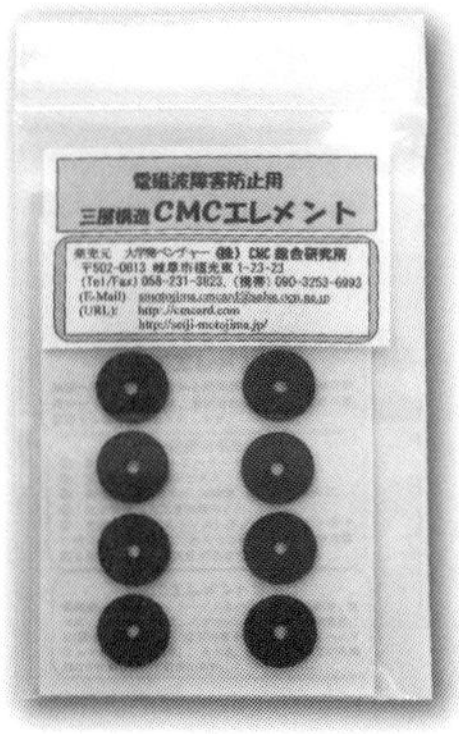

電磁波が気になる電気機器にペタッ！

CMCエレメント

■ 7,150円（税込）

CMC 含有シリコンシートが電気機器から放射される電磁波をクリアリング。配電盤・コンセントなどの電気配線、冷蔵庫・IH 調理器・電子レンジなどの電子機器、車、携帯電話・スマホの裏側などに貼り付けてご使用ください。

●枚数：10枚／シート　●サイズ：直径1.5㎝／枚
●仕様：三層構造（CMC／磁性粉末／CMC）

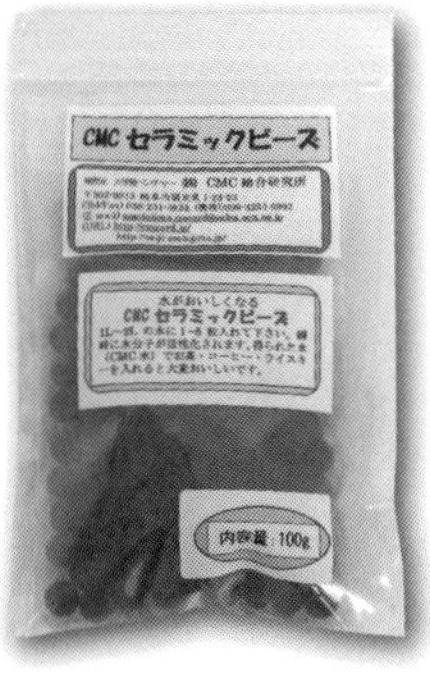

水道水を安全で
パワフルなゼロ磁場活性水に

CMCセラミックビーズ

■ 20ｇ／袋（約28粒）　6,380円（税込）

■ 100ｇ／袋　29,700円（税込）

CMC をセラミックに添加し焼成しました。水道水に入れるだけで水分子を活性化し、塩素等の波動をクリアリング。高濃度の水素・酸素を含んだゼロ磁場水へと昇華させます。

●サイズ：8.5～９㎜／粒　●使用方法：水道水１リットルあたり１～３粒。テロメアとの共鳴度アップのためには15～20粒

※沸騰した熱湯中に入れても差し支えありませんが、鍋を傷つけることもありますのでご注意ください。

＊ご案内の価格、その他情報は発行日時点のものとなります。

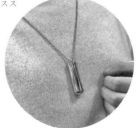

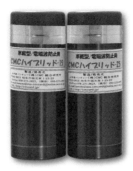

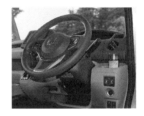

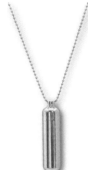

◎「数霊 REIWA」で波動水をつくろう！

3つのモードから選択。
- S（ショート）…エーテル測定5回→アストラル転写（転写時間約4分）
- L（ロング）…エーテル測定5回→アストラル測定5回→エーテル転写→アストラル転写（転写時間約20分）
- C（カスタマイズ）…測定および転写を各々設定することができます。（転写時間最大60分）

※エーテル体は潜在意識の浅い意識を、アストラル体は潜在意識の深い領域を指します。

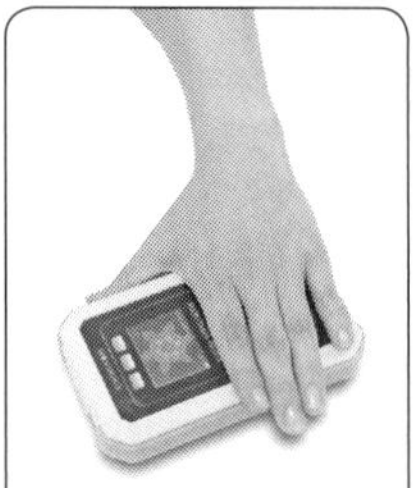

測定メニューを35の中から選択し、船井幸雄さん考案のエヴァマークの上に手を乗せ測定。

測定が終了したら、水を乗せて波動転写。1日3回が目安です。
※水は蒸留水がおすすめ。ミネラルウォーターを使用する場合はミネラル成分の少ないものを。水道水は不向きです。

◎ 遠隔ヒーリングもできる！

４次元・５次元の意識世界では、情報が３次元の物理的な距離を超え、時空を超えて届けることが可能です。ご家族など遠くに住まれている相手の写真を用いて、双方の意識を重ねてみましょう。また、何も乗せずに部屋の中央で「11．家土地のエネルギー」を選択すれば、場の空間浄化もできます。

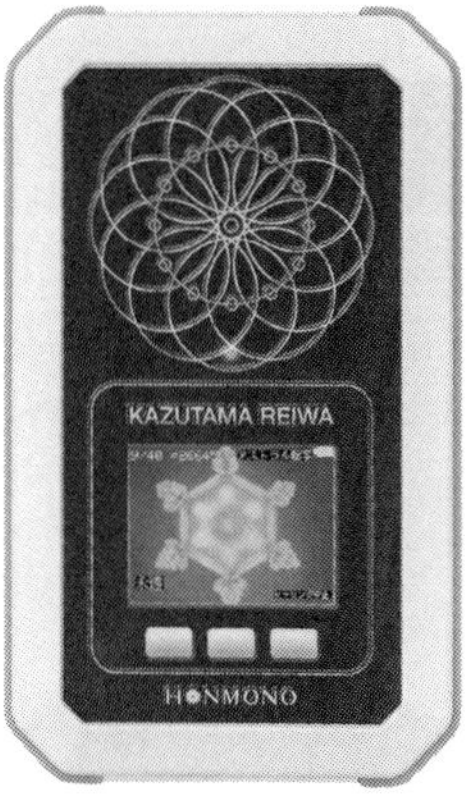

数霊《かずたま》 REIWA

■198,000円（税込）

●サイズ：幅146㎜×奥行88㎜×高さ25㎜　●本体重量：235g　●消費電力：200mA　●付属品：ACアダプタ（USBケーブル）、取扱説明書、保証書、使用方法、Q＆A　●入力電圧：5 VDC（直流）　●充電電流：500mA最大　●充電時間：４時間程度（完全放電状態からの時間）　●連続再生時間：３～５時間（新品バッテリ使用時）　●バッテリ容量：1250mAh　●バッテリ：リチウムイオン充電池3.7V、保護回路内蔵、電池の寿命目安１年（電池交換有償）　●内蔵メモリ：マイクロSDカード、FAT　●使用温度範囲：５℃～35℃

【お問い合わせ先】ヒカルランドパーク

＊ご案内の価格、その他情報は発行日時点のものとなります。

潜在意識にあるマイナス要因修正波動を水に転写！
35の測定メニューを搭載した最新波動装置

吉野内聖一郎氏

人は表面に現れない深層意識の奥深くにさまざまなネガティブ情報を抱えています。それが原因となって不調を招いたり、運がなかったり、トラウマを抱えたりなど、現実世界で望むような結果につながらず、深刻な事態を引き起こしてしまうケースも多々あります。そうした深層意識の奥深くに潜んでいるネガティブ情報を測定し、それを修正する波動を電位差でお水に転写する波動装置が「数霊《かずたま》 REIWA」です。

「数霊 REIWA」は、波動の大家・江本勝氏のもとで波動カウンセラーとして活躍された吉野内聖一郎氏が開発。従来の波動測定器で用いられていた5桁の波動コードを、古神道の秘儀である「数霊の法則」「魔方陣」を用いて独自解析。それまで未知だったコードも多数見つかり、波動装置としてさらなる発展を遂げました。

用意された35の測定メニューから項目を選び、繰り返し波動水をつくって飲むことで、3次元の肉体レベルを超えて、現実世界でのトラウマや不調などに変化を与えていきます。さらに、物への波動転写、空間のエネルギー浄化、写真など相手の情報を用いた遠隔ヒーリングも可能です。外部電源不要で操作も簡単。どなたでも本格的なセルフヒーリングができる画期的かつ実用的な最新波動装置として注目を集めています。

35の測定メニュー
（複数のテーマを同じ水に転写してもOK）

1．世界平和／2．人間関係／3．天職／4．電磁波／5．感染症／6．金運上昇／7．勝負運／8．恋愛運・結婚運／9．子宝／10．受験勉強／11．家土地のエネルギー／12．全チャクラ／13．安眠／14．シェイプアップ／15．ブレイン／16．ヘアー／17．女性フェロモン／18．男性フェロモン／19．プロテクション／20．アレルギー／21．痛み緩和／22．健康管理／23．視力／24．ホルモンバランス／25．禁煙サポート／26．聴力／27．関節／28．骨格／29．筋肉／30．呼吸器系／31．口腔関連／32．消化器系／33．神経／34．泌尿器系／35．皮膚

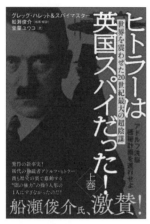

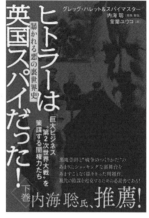